人文社科

高校学术研究论著丛刊

互联网时代的现代教育技术教学改革

斉春妮 著

图书在版编目(CIP)数据

互联网时代的现代教育技术教学改革 / 吝春妮著. —
北京：中国书籍出版社，2019.6
ISBN 978-7-5068-7316-1

Ⅰ. ①互… Ⅱ. ①吝… Ⅲ. ①网络教学—应用—教学
改革—研究—中国 Ⅳ. ①G521-39

中国版本图书馆 CIP 数据核字(2019)第 112567 号

互联网时代的现代教育技术教学改革

吝春妮 著

丛书策划 谭 鹏 武 斌
责任编辑 毕 磊
责任印制 孙马飞 马 芝
封面设计 东方美迪
出版发行 中国书籍出版社
地 址 北京市丰台区三路居路 97 号(邮编:100073)
电 话 (010)52257143(总编室) (010)52257140(发行部)
电子邮箱 chinabp@vip.sina.com
经 销 全国新华书店
印 刷 三河市铭浩彩色印装有限公司
开 本 710 毫米×1000 毫米 1/16
印 张 16.25
字 数 211 千字
版 次 2020 年 7 月第 1 版 2020 年 7 月第 1 次印刷
书 号 ISBN 978-7-5068-7316-1
定 价 72.00 元

目　录

第一章　现代教育技术的基本阐释

在信息时代，随着信息技术的迅猛发展与广泛应用，现代教育技术也获得了快速的发展，并推动了教育的深入改革，对教育理念、方法产生了深远的影响。在现代教育教学中，现代教育技术已成为不可缺少的工具，发挥着举足轻重的作用。本章首先阐释现代教育技术的基本理论与发展，主要内容包括教育技术与现代教育技术的内涵、现代教育技术的发展历史和趋势以及现代教育技术与教育信息化、教育改革的关系。

第一节　教育技术与现代教育技术的内涵

一、教育技术的概念与内涵

（一）教育与技术的概念

教育技术的形成与教育的发展、技术的进步有直接的关系。有关教育技术的定义非常多，为了便于理解，先解释教育与技术的概念。

1. 教育

关于教育的解释有很多种，相关教育研究报告指出，教育是保证人人享有他们为充分发挥自己的才能和尽可能牢牢掌握自己的命运而需要的思想、判断、感情和想象方面的自由。[①]

在社会视角下，教育是继承发扬社会生产经验的关键环节，是培养人们从事社会生活所需素质与能力的整个过程。

还有学者从广义与狭义两个方面来解释教育。

广义上，所有对人身心发展有影响的社会实践活动都是教育。

狭义上，教育指教育者以社会要求和受教育者的身心发展规律、学习规律为依据，对受教育者的身心及其他方面有目的、有计划、有组织地施加影响，从而达到预期教育目标的活动。这里主要指的是学校教育。

教育技术中的教育涉及很多教育范畴，如学校教育、社区教育、企业培训等。

2. 技术

下面简要阐释两种对技术的解释。

我国《辞海》将技术解释为按照自然科学原理和生产实践经验发展而成的各种工艺操作方法与技能。

加尔布霍思（著名经济学家）认为，在实际任务中科学知识或其他有组织的知识的系统应用就是技术。[②]

教育技术中的技术包含各种有价值的设备与操作以及将这些物化因素应用到教育活动中来提高教学质量的所有方法。

（二）教育技术的概念

加涅指出，可以用人们熟悉的方式和不熟悉的方式来解释教育技术。

人们熟悉的解释方式是，以计算机、投影器、电视等现代媒体为主，将这些媒体应用到教学领域，主要为教学目标服务，和教师、教材等共同组成了教学的要素。

除上述解释外，其他解释方式对很多人来说都比较陌生，比

① 李兆君．现代教育技术[M]．北京：高等教育出版社，2010.

② 李兆君．现代教育技术[M]．北京：高等教育出版社，2010.

如，教育技术是超过了任何特定媒体或设备及其各组成要素的总和。它是从具体目标出发，以人类学习和传播的相关理论与实践研究为依据，并与人力和非人力资源的利用相结合，以对整个教学过程进行系统设计、实施和评价的方法。[①]

19 世纪末，以电子媒体技术为代表的科技成果开始大量出现，而且应用十分广泛，逐渐呈现出大众化趋势。在教育教学中应用电子媒体技术或其他新产品的实践活动也不断在教育界出现。随着教育教学理论研究的不断深入和新科技、新产品在教育教学中的广泛应用，逐渐出现了多种关于教育技术的解释。在 20 世纪 60 年代，许多关于教育技术的名称开始出现，如“视听教育”“教学媒介”“教育传播”“教育技术”“教学技术”等出现在《视听教学》杂志（1965 年出版，出版单位为美国视听教育协会，后更名为美国教育传播与技术协会，即 AECT）上。

随着新技术在教育领域的大量运用，相关的理论研究与实践活动也不断增加，1972 年，AECT 正式将这一研究领域及相关实践活动领域定名为“教育技术”。西方国家对此积极响应，世界大多数国家逐渐接受了这一观点。但在这一阶段，学者主要还是从物化技术的理论研究及实践应用上来解释教育技术。

1977 年，AECT 从新的视角阐释了教育技术的含义，指出教学过程中应用的所有技术方法手段统称为教育技术，这个解释将系统方法的含义融入其中。从这个解释来看，教育技术包括技术方法与技术手段，方法论层面的技术方法强调基于系统理论与方法的设计理念。物化技术层面的技术手段指的是教育媒体的应用技术。将系统方法的内涵融入教育技术的定义中，表明教育技术获得了新的发展。

电子媒体技术的迅猛发展使人们重新认识了教育资源、教育过程以及教育模式，并对教育技术的解释与理解更加全面、深入。AECT 在 1994 年重新阐述了教育技术的定义，即教育技术是对

① 李兆君．现代教育技术[M]．北京：高等教育出版社，2010.

学习资源和学习过程进行开发设计、利用、评价和管理的理论与实践。从新的定义来看，教育技术的范畴有了一定的拓展，整个教学系统和学习过程的方方面面都囊括其中，在新的理论（以系统方法为核心）指导下，深入研究与科学设计相关因素，高效利用丰富的资源，整合优化各种方法，从而提高教学效果。

2004 年，AECT 经过多年的不断研究和实践，重新对教育技术的定义作了更全面、准确的表述，即“教育技术是通过创造、使用、管理适当的技术过程和资源，促进学习和改善绩效的研究与符合道德规范的实践。”①

（三）教育技术的内涵

从教育技术定义的最新表述来看，教育技术是在多个方向开展的相关研究与广泛应用，主要表现形式有理论，也有实践。图 1-1 所示的是教育技术的结构。

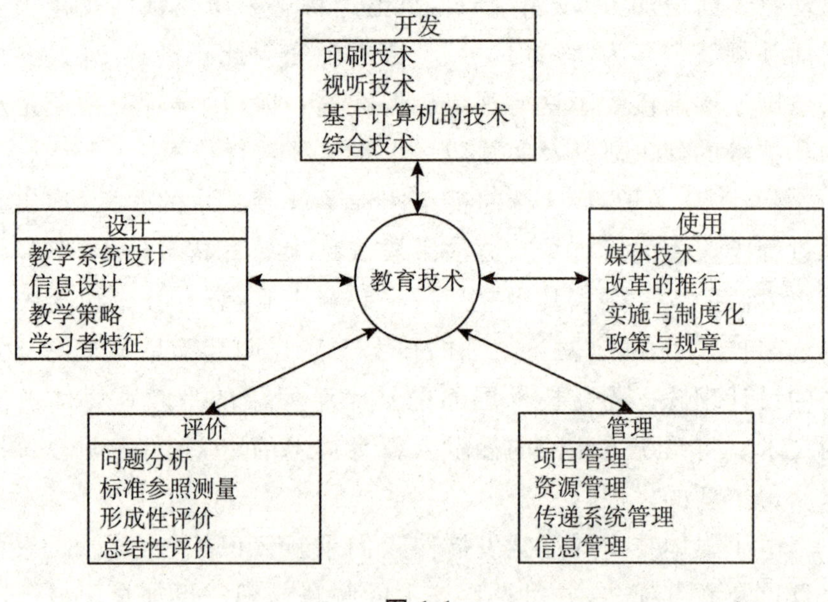

图 1-1

① 李兆君．现代教育技术[M]．北京：高等教育出版社，2010.

下面从教育技术的研究对象与研究范畴两个方面来解释教育技术的内涵。

1. 教育技术的研究对象

教育技术以下列两个方面为主要研究对象。

第一，学习过程：这是时间层面的研究对象，指的是学习的运行状态，具有动态性。

第二，学习资源：这是空间上的静态结构，由物化材料组成，也是学习环境的构成要素。

学习过程与学习资源体现了时间与空间的结合，它们是教学系统的主要构成。通过控制研究系统而提高学习效果正是教育技术的主要任务。

2. 教育技术的研究范畴

教育技术的研究内容是控制与分析研究对象，具体包括以下几方面。

(1)学习过程和学习资源的设计

在相关理论(教学理论、媒体传播、学习心理等)的指导下，完整而详细地设计教学系统，以达到预期的学习目标。这个过程包括多个环节，如分析学习者、学习目标、学习内容，选择教学媒体、教学策略，评价学习效果等。在教学设计中，这是一个非常重要的组成部分，也是比较独立的研究方向。

(2)学习过程和学习资源的开发

主要研究在教学过程中如何有效应用各种教学模式、媒体技术，这其实也是用实践数据支持理论发展的过程。并不是仅仅采用某种媒体技术对教学产品进行制作就能完成对学习过程与资源的开发，更重要的是要从实践上改进整个教学系统。开发的范围有大有小，某个教学项目、某节课或某个系统工程规划都可以。

(3)学习过程和学习资源的利用

主要研究如何对源源不断的新技术、最新学科成果及相关信息资源进行利用与传播。

(4)学习过程和学习资源的管理

主要研究如何规划、组织及调控学习过程和优化整合学习资源。管理对象包括信息与资源、教学系统、教学研究等。优化教学效果离不开科学管理。

(5)学习过程和学习资源的评价

主要研究如何评价整个教学系统的运行状态及运行效率。既要评价单一环节或因素,又要评价整个系统,将形成性评价与总结性评价结合起来,从多角度,采用多种方式进行科学评价,完善评价体系,从而更有效地改进教学系统研究。

以上分别解释了教育技术各部分的内涵,各部分之间相互联系,相辅相成,而非绝对孤立与封闭。在教育实践中,各部分经常是结合在一起出现的,如设计与开发的结合、开发与利用的结合、设计与评价的结合、利用与管理的结合等。可以说,教育技术是为了实现最优化的教学效果而在综合运用相关理论与技术的过程中对各教学系统的研究和实践。

从学科属性来看,教育技术属于教育学科的范畴,但具有交叉性、综合性等鲜明特征的教育技术又不仅仅属于教育学科,正因如此,才对学习者的综合素质提出了更高的要求。

二、现代教育技术的概念与内涵

(一)现代教育技术的概念

将教育技术分为古代教育技术、近代教育技术、现代教育技术,或分为传统教育技术和现代教育技术是不规范的,也就是说不能以明确的时代划分作为对教育技术的界定标准。有学者指出,教育技术作为一个新兴学科,其发展起来也是近几十年的事,现代教育理论和现代科技成果是教育技术得以发展的重要基础,所以不需要以传统和现代为标准来划分教育技术。

但随着信息时代的到来和信息技术的高速发展，人们已经普遍接受了“现代教育技术”一词，我国教育技术学术界指出，现代教育技术指的是以现代信息技术为核心技术、在现代教育思想和方法及学习心理学成果的指导下进行的教育技术研究与实践活动。[①] 在信息技术还没有大量出现之前，教育技术的发展主要是依赖教育理论与媒体技术，当时产生的教育技术与现代教育技术是有区别的。可见，“现代教育技术”的内涵与信息化、信息技术、信息时代密切相关。

（二）现代教育技术的内涵

下面主要从三个方面来理解现代教育技术的内涵。

1. 以信息技术为主要依托

就本质而言，教育的过程是由信息的产生、选择、存储、传输、转换以及分配等一系列环节组成的系统工程。在这个工程中所采用的多媒体技术、电子技术、信息处理技术、网络通信技术等各种先进技术都属于信息技术。在教育中引进这些技术，可使信息传播速度更快，教学效率更高。当今社会，知识迅速增长，在这个环境下，教学效率备受重视，教学质量的提高首先需要提高教学效率。

2. 强调以学习者为中心

以学习者为中心是现代教育技术学科强调的一个重要观点。具体从以下几方面体现这个观点。

首先，在确定教育目标时，使社会的要求、学习者的需求都得到满足，鼓励学习者发展的多样化。

其次，在选择教育内容时，要以学习者需要学和适合学的内容为主。

---

① 罗文浪．现代教育技术[M]．北京：北京理工大学出版社，2015.

再次,在选择教育方法时,鼓励学习者自主学习和小组合作学习,培养学习者的合作能力、团结意识、人际交往能力等非认知技能,使其更好地适应生活。

最后,在安排教育形式时,以灵活的形式为主,与学习者的学习、生活相协调,巩固终身教育的地位。

3. 使学校更加开放,使全社会教育资源的配置更加合理

多媒体技术与计算机网络的普及使得社会成为了一个密不可分的整体,学习者可从自身的学习目的、学习需求出发对学校、课程及教师进行自由选择,学校之间、学校与社会之间逐渐失去了明确的界限,社会教育资源将因学习者的需求而合理分配,人为因素的影响会越来越弱,社会人力、物力、财力等资源将会得到更加充分的运用。

第二节　现代教育技术的发展历史与发展趋势分析

一、现代教育技术的产生

教育作为人类社会中一个特殊的现象,其产生与发展是随着社会的产生与发展及物质生产的发展而实现的。19 世纪末期,现代工业生产快速发展,机器化水平越来越高,生产方式和管理方式越来越先进,社会对人才的要求也越来越高,主要体现在人才层次、人才数量和人才质量上。为适应社会发展和满足社会需求,教育领域必然会做出相应的改革,包括对教育思想、教育观念、教育方法、教育结构等各要素的改进。

另外,自然科学从文艺复兴到 19 世纪末得到了较快的发展,不管是理论研究还是应用研究,进步都很大,主要代表有电磁学、光学等,这就为人们采用更有效的方法途径进行信息传递提供了

方便。

社会需求和科技进步这两个方面决定了现代教育技术的产生是必然的。现代教育技术的产生是人类教育史上第四次教育革命的标志，而现代教育技术产生的标志是第一个用于教学的幻灯机出现在课堂上，时间是 19 世纪 90 年代。

二、国外现代教育技术的发展历史

下面重点分析发达国家现代教育技术的发展历史，主要经历了以下几个发展时期。

（一）第一阶段：视觉教育阶段

视觉教育阶段是国外现代教育技术发展的第一阶段，时间跨度为 20 世纪初至 20 世纪 30 年代。

19 世纪末，科技的发展及其在教育界的广泛应用，有力推动了教育技术的产生与发展。教育领域早期引入的新媒体技术主要有照相、幻灯、无声电影等，依托这些技术将生动的视觉画面呈献给学生，大大改善了教学效果。“视觉教育”这一术语最早被使用是在 1906 年，出现在《视觉教育》一书中，由美国一家公司出版，关于照片拍摄、幻灯片制作与使用的知识在这本书中得到大量介绍。随之，研究新媒体应用的教育者越来越多。1913 年，托马斯·爱迪生预言学校将会因为新媒体技术而得到彻底改造。十年后，爱迪生的预期并没有实现。不过，经过多年的探索，视觉教育活动的发展十分显眼。1923 年，视觉教学分会率先在美国教育协会成立，视觉教育工作者开始潜心研究自己的学说，在视觉教育研究中，主要参考的理论依据是夸美纽斯的直观教学论。1928 年，《学校中的视觉教育》在美国出版，这是第一本和视觉教育有关的教科书，该书明确指出，视觉经验和其他经验相比，对学习造成的影响更大。

1924 年，S. L. 普莱西在美国心理学会的会议上呈现了第一台能教学、测验和记分的教学机器。这个新机器不但可以将视觉材料形象地呈现出来，还可以提供关于学生学习情况的反馈，这也是教学机器区别于音像媒体的主要特点。在个别化教学中，这个教学机器发挥了非常重要的作用。

（二）第二阶段：视听教育阶段

视听教育阶段是国外现代教育技术发展的第二阶段，时间跨度为 20 世纪 30 年代至 20 世纪 50 年代。

20 世纪 30 年代后期，教学领域中相继运用了无线电广播、有声电影、录音机等新媒体技术，视听教育这一术语逐渐出现在人们所写的文章中，美国教育协会视觉教学分会也正式更名为“视听教育分会”，时间是 1947 年。

1931 年 7 月，美国辛克斯公司做了一个电影教学的实验：在儿童观看电影前和观看完后，分别用 5 种测验表格对其学习成绩进行考查。测验结果显示，看完电影后，学生的知识量比没看电影时增加了 35％。美国哈佛大学的实验也证明，实验组学生（采用电影教学手段）的成绩比对照组学生（未采用电影教学手段）高 20.5％。“二战”期间，美国政府斥巨资投资在影片上，以培训作战人员、军工技术人员，成效显著，而且视听媒体在学校教学中也得到了一定程度的重视。

20 世纪 50 年代，视听教育因电视的出现而拥有了更先进的技术手段，电视相比于电影的优势主要表现在制作周期短，容易传播、复制等方面，电视出现后不久，便在教育领域得到广泛应用。

从 20 世纪 30 年代到 20 世纪 50 年代，视听教育运动在美国十分流行，同时，视听教育也在相关理论研究的推动下获得了新的发展，其中最具代表性的戴尔的“经验之塔”模式，这也是视听教育兴起与发展的主要理论依据。

20 世纪 50 年代中期，斯金纳（美国心理学家）在行为主义学习理论的指导下对新一代教学机器——斯金纳程序教学机进行了设计，不久后便在军队、大学中投入应用。

（三）第三阶段：视听传播阶段

视听传播阶段是国外现代教育技术发展的第三阶段，时间跨度为 20 世纪 60 年代至 20 世纪 70 年代。

斯金纳程序教学机在 20 世纪 60 年代以后非常流行，并从实验阶段转入实践应用阶段。同时，20 世纪 40 年代由拉斯维尔等人创立的传播学开始在教育领域产生影响，有学者认为，教学过程就是信息传播的过程，并对此进行了深入的研究。教育传播因为这些原因而受到了重视，视听传播的概念也逐渐被提出。

1963 年，美国视听教育协会明确阐释了视听传播的定义，即作为教育理论和实践的分支，视听传播主要研究控制学习过程的信息的设计和使用，通过对每种传播方法和媒体的有效运用来达到发展学习者全部潜能的目标。① 随后不久，又出现了新的概念——“教学资源”，这个概念比“视听媒体”概念更广泛，它的出现使人们开始将注意力集中到对整体教学传播过程和教学系统的关注上。

（四）第四阶段：教育技术阶段

教育技术阶段是国外现代教育技术发展的第四个阶段，时间跨度为 20 世纪 70 年代至今。

20 世纪 70 年代中期，计算机教育应用随着微型计算机的出现逐渐进入新的发展阶段。1970 年，“教育技术”的概念被 AECT（美国教育传播和技术协会，原美国视听教育协会）提出，并对此进行了解释。

此后，AECT 又分别在 1972 年、1977 年修改了教育技术的定义，并在原有理论基础（如行为主义学习理论、传播理论）上，将系统理论加入其中，这也是教育技术的重要理论基础。随着媒体技术（计算机多媒体技术、远程通信技术、网络技术等）的不断发展，

---

① 何荣杰．现代教育技术[M]．北京：北京邮电大学出版社，2014.

教育技术也不断深入实践，这大大丰富了教育技术的内涵，促进了教育技术理论研究的发展，并使教育技术的理论基础越来越完善，逐渐融入了认知主义学习理论、建构主义学习理论。

AECT 于 1994 年再次修改教育技术的定义，使教育技术愈发科学、完善。

三、我国现代教育技术的发展历史

我国曾将教育技术通俗地称作“电化教育”。这个名词是我国独创的，从 20 世纪 30 年代至今，电化教育的发展经历了漫长的历史，大概可以将其划分为以下几个阶段。

（一）第一阶段：诞生与初步发展阶段

我国电化教育诞生与初步发展的时间跨度为 20 世纪 20 年代至 20 世纪 60 年代中期。

20 世纪 30 年代以前，我国就有将无声电影、幻灯、无线电播音等运用到教育中的现象。早在 20 世纪 20 年代，陶行知先生就曾在教学中尝试运用幻灯，在无声电影制作、幻灯放映方面，南京金陵大学也做了很多试验。此外，还有一些单位在这个领域做了不同程度的尝试，如上海“商务印书馆”、南京“中央广播电台”、镇江“民众教育馆”等。

1932 年，“中国教育电影协会”在南京成立，主要参与人员是我国教育界人士。电化教育工作刚开始流行于民间，随着民间活动的盛行，官方当局于 1935 年开始对电化教育工作进行规划和实施。视听教育被统称为“电化教育”是在 1936 年，出现在《学校生活》杂志中，这是由美国联邦教育署出版的。同年，“电影教育委员会”和“播音教育委员会”成立，同时“电化教育人员训练班”在金陵大学开设，“电化教育”这个词首次被正式使用。1940 年成立电化教育委员会，其实就是“电影教育委员会”和“播音教育委员会”的合并。

当时，教育界有识之士为促进电化教育在我国的进一步发展而进行努力探索，专著《有声教育电影》的出版、周刊《电影与播音》《电化教育》的发行、“电化教育系”的创设以及“中华教育电影制片厂”的建立等都是努力探索的成果。[①] 但当时我国贫穷落后，很难大规模地对电化教育进行推广。

我国电化教育从新中国成立到20世纪60年代初获得了初步发展，具体从以下几个方面表现出来。

首先，幻灯、电视、录音、唱片、无线电播音、电影等越来越多的电教手段被不同程度地运用到教育中，如华东师范大学试办上海电视大学，采用电视授课。

其次，电教手段在各类教育中都得到了一定的普及，如中小学教育、大学教育、成人教育等。

再次，出现专门对电教教材和电教设备进行生产的产业，批量生产开盘式录音机、电影放映机、幻灯机等电教设备，几家幻灯制片厂、科技教育电影制片厂成立，一批教学电影片、幻灯片被制作出来提供到学校教学中。

最后，一些地方成立专门机构推动电化教育的发展，并建设了电化教育的相关队伍，虽然规模较小，但他们非常热衷于为我国电化教育的发展做贡献。

（二）第二阶段：迅速发展阶段

我国电化教育在20世纪70年代中期到20世纪80年代末期发展迅速。20世纪70年代中期之前，由于各方面因素的影响，严重制约和破坏了我国电化教育的发展，直到20世纪70年代后期，电化教育才重新在我国起步，发展速度也不断加快。

我国相继成立电化教育委员会、电化教育委员会办公室来专门发展电化教育，电化教育馆（站）在全国各地纷纷建立，电教中心在各高等院校建立，电教室（组）也逐渐出现在很多中小学中。

① 李颖，董彦．现代教育技术应用[M]．合肥：中国科学技术大学出版社，2013．

现在，在这些机构从事相关工作的人员有十多万，他们都是电化教育发展中的贡献者。随着电化教育的发展，电教设施设备在中小学的配置越来越完善，专用计算机房、语言实验室、电化教室等更高级别的电教设备在发达地区的中小学中不断出现，投影机、录音机和银幕几乎成了每个教室的标准配置，甚至计算机多媒体设备、闭路电视也被运用到一些学科的教学中。

随着电教教材、电教设备等建设规模的扩展，有关单位几乎针对中小学中的所有学科对计算机教学软件、投影幻灯教材或录音录像教材进行了编制与设计。在各学科的教材改革中，建设电教教材是一项主要任务，对电教教材的制作要有组织性、计划性，要根据纸质教材配套制作，然后在各年级逐步推广，投入使用。

20 世纪 80 年代，随着“电化教育”名称之争的出现，电化教育的学术气氛越来越活跃，电化教育理论也越来越充实、完善。改革开放后，随着一系列政策的实施，我国出现了翻天覆地的变化，在教育技术领域主要表现为国际学术交流频繁，我国利用交流的机会不断引进国外教育技术研究的新成果和发展的新经验。国外教育技术以系统方法为核心，这对我国电化教育具有重要的影响，具体表现为对理论概念、发展理念以及研究方法等方面的影响，从此，我国对这个领域有了新的认识，并从新的角度来深入研究，呈现出综合化、深层化的研究新趋势。

“深入课堂，深入学科”也是电化教育在这一时期发展的一个特征。电化教育以课堂教学为中心，取得了较快的发展，各地投入这项实践的学校和教育工作者越来越多，于是便形成了以下特征。

第一，在电化教育开展过程中，一线教师成为不可或缺的主力军，开展电化教育直接关系着教学任务能否完成、教学质量能否提高。

第二，电化教育不仅是简单地运用电教媒体，而是在整个课堂教学过程中贯穿电化教育。电化教育中要做的工作、要完成的任务丝毫不比一般课堂教学轻松，一般课堂教学中要做的事，要完成的任务，通常电化教学中也要做，也要完成。不同的是，电化教育是将电教媒体引进课堂教学中，所以在一般课堂教学中没有的现象反而会出现在电化教育中；电化教育也要参考一般课堂教学的设计原理，从而对课堂教学进行改进，提高教学效率与质量。

第三，教育工作者不再单独采用某一电教媒体进行教学，而是在整个教学过程中应用电教媒体并处理好相互关系，电教媒体被重新定位，在整个教学设计中都或多或少呈现出电化教育的痕迹。

第四，电化教育在教学工作的各个方面逐步渗透，而不是简单地特指一些电化设备、电化教育媒体等的应用，整体教学改革、教学效益与电化教育直接相关。

（三）第三阶段：深入发展阶段

从 20 世纪 90 年代至今，电化教育在我国处于深入发展阶段。随着教学领域中对多媒体计算机和网络技术等的大量运用，电化教育在我国的发展越来越迅速，层次越来越深。“中国教育与科研计算机网络”的开通将百余所高等学校和一些拥有较好电教设备和较强技术力量的中小学校联系起来，这有力推动了我国多媒体网络教学的发展。

随着现代技术的不断发展，我国在教材建设中越来越重视音像电子教材的制作与编排，主要载体有幻灯、投影、视盘、录音、计算机软件、录像等。我国教育软件市场基本形成是在 1995 年。《中小学计算机教育软件规则（1996—2000 年）》于 1996 年 9 月颁布，“九五”期间我国研制与开发计算机教育软件的主要目标和主要策略在这个文件中被明确提出。1996 年，我国“九五”重点科技攻关项目中新增“计算机辅助教学软件研制、开发与应用”项目，我国投入巨额资金来开展这个项目，1999 年 7 月，该项目已结题。

视听教育媒体的理论与应用研究在很长时间内都是我国现代教育技术的研究重点，但 20 世纪 90 年代后，多种媒体组合运用和学习过程的研究，尤其是关于教学系统设计、开发、评价、管理的理论和实践研究成为新的研究重点，我国在这方面做了大量的研究工作。能体现出这些研究重点的研究项目有"电化教育促进中小学教学优化课题实验""电化教育促进中小学由应试教育转向素质教育的实验研究"等，这些研究取得了良好的效果，对教育、社会都有积极的影响，而且也使我国教育教学的深化改革取得了显著的成就。这些研究也呈现出以下明显的特征。

第一，对教育教学改革的研究是深化教育改革的重要举措和突破口。

第二，重视研究教育教学中信息技术的应用。

第三，重视学习理论在教学系统设计中的应用。

第四，研究方法规范、多元。

当前，我国教育教学的深入改革与科学发展离不开现代教育技术的推动，教育工作者要将现代教育技术作为一门必修课来认真学习。现阶段我国在教育教学研究中对整体教学效果更为关注，对现代教育技术在一节课、一个教学单元及一门学科中产生的影响进行深入探索与研究；同时教育工作者对现代教育技术也有了更加全面、深入的认识，并在科学认知的基础上发挥现代科学理论和方法对教育教学的指导作用。需要注意的是，教育技术不仅要解决教学的局部问题，更要解决教学改革的整体问题。

四、现代教育技术的发展趋势

下面从技术、研究及应用三个方面来探讨现代教育技术的发展趋势。

（一）微观研究与宏观预测有机结合

教育技术的开发与研究离不开技术本身的发展，技术的进步是教育技术发展的主要动力。教育技术研究人员既从微观上对各种常用的技术进行研究；又在宏观上对技术的未来发展趋势加以预测和整体把握。

教育教学的空间随着多媒体计算机与网络教育的兴起而得到了明显的扩展，学习者的虚拟学习空间也因此而建构起来，这对学习者来说属于第二个学习空间，传统教育方式被打破，自主学习方式、合作学习方式及探究学习方式逐渐得到重视。在新时期，我国教育技术工作者不仅要探索学习方式在信息技术环境下的多元化改革与创新，还要关注真实情境下的学习内容与方式与第二学习空间下的学习内容与方式的关系及结合，使学习者对知识产生与发展的过程有更深刻的感受、理解。教育技术工作者要在信息技术环境下深入研究和广泛探索各种教学模式和教学方法，在实验中尝试去整合信息技术与学科教学，以充分发挥教育信息技术的潜能和作用，取得更好的应用效益，实现教育教学质量的最优化。

教育技术从面对面交互（以肢体语言和口语传达为主），到表征符号（数字、字母、图画等）出现后借由科学、艺术、文本、数学等学科传达的符号中介的交互，到现代通信技术（无线电波、电视、微波、电话等）出现后传播中介的交互，到联网计算机、网络印刷、推荐引擎、全球搜索形成的网络中介的交互，再到当前以云计算、群体智慧、即时联络、传感器网络构筑的赛博基础设施中介的交互，发展路线大致为“文化中介—符号中介—传播中介—网络中介—赛博基础设施中介”的发展路线。[①] 从这个过程来看，人类交互的中介越来越复杂。当前技术发展具有集成性，这个特征从新的交互中介——“赛博基础设施”中可以得到体现，它强调信息技术基础设施建设的重要性，鼓励研究者和学习者将先进的、成熟的技术平台利用起来设计适应个体需求的有实用性的学习平台，而不是对各种平台进行没有意义的重复开发。

另外，当前教育技术的研究人员普遍从支持学习（以学习者中心）的视角来认识教育技术，并进行研究。

---

① 姜忠元．现代教育技术[M]．北京：清华大学出版社，2018.

（二）研究更全面、科学与先进

1. 理论研究更具体、务实

在教育技术的设计、开发及研究中，研究人员成功整合了一些重要理论与思想，如建构主义、情境认知与学习、分布式认知等。然后在相关学科、领域的研究或教学设计中运用这些思想与理论。

随着教育理论的传播与发展，研究人员在教学设计中普遍开始重视认知负荷理论，而且该理论在认知加工中也具有重要的指导作用。认知负荷理论能够有针对性地解决现实问题，且成效显著，这也是研究人员越来越认可、重视这一理论及该理论得以持续发展的一个重要原因。此外，研究人员还对其他研究领域的理论加以挖掘，并尝试应用在教育技术研究中。

借鉴与创新是我国发展教育技术必然要走的一条路，走这条路，首先要对借鉴与创新的关系进行妥善处理，要在分析我国国情的基础上对西方教育技术中相应的理论与经验加以吸收，并在原有基础上实现“超越与创新”。教育技术的改革创新要坚持“以人为本”的理念和系统论的观点，不能只关注电教媒体而忽视学习者的学习过程，不能只强调运用某个单一的技术手段而忽视运用系统方法。在教育技术学理论本土化方面，研究人员积极支持与推进，在教育信息化研究中努力改进理论、完善体制和机制，推进创新，建构符合我国国情的教育技术理论体系和具有中国特色的电化教育体系。

2. 研究方法多元、混合

教育技术研究方法的趋势表现在两个方面，一是多元化，即引用其他领域的研究方法；二是混合化，即整合多种研究方法加以运用。例如，近些年来，脑科学迅速发展，其研究成果的意义主要表现在为未来研究提供参考或使教育研究发现从生理层面得到验证。[①]

教育技术研究方法的多元性一定程度上也是由教育的复杂性决定的，多元化的研究方法涉及多个领域，如社会学、人类学、心理学、生态学等。此外，在教育技术研究的相关交流报告上也经常出现社会网络分析、设计研究等研究方法，研究人员还经常从组织理论、设计与技术、复杂性理论等领域探索适用于教育技术研究的方法。

随着技术的日益发展和众多领域先进研究成果的不断出现，教育技术研究一定会有更美好的前景，而且随着教育技术研究的发展，人类学习发展及社会生活一定会更加密切地联系在一起。

3. 对技术环境下学习行为的心理研究更加关注

开放、共享、协作、交互等是现代教育教学环境尤其是学习环境所呈现出来的新特征，这主要得益于现代信息技术的支持。技术环境下学习行为的心理研究在教育技术领域越来越受关注，研究人员在技术环境下对学习者的学习行为、学习心理过程等进行深入研究，重视对学习者非智力因素的开发，提倡交互学习。

（三）应用多元化

1. 多媒体教育应用

近年来，在教育技术领域，多媒体教育逐渐成为主流技术。多媒体教学系统与其他媒体教学系统相比，其优势主要体现在以下几个方面。

第一，多重感观刺激。

第二，能快速传输大量信息。

第三，传输信息的质量高、能广泛应用。

---

① 姜忠元．现代教育技术[M]．北京：清华大学出版社，2018.

第四,方便使用,操作便捷,有较强的交互性。

第五,教学更生动形象,能够表现出常规方式方法难以表现的教学内容。

多媒体教育应用的趋势主要从以下几个方面体现出来。

(1)电子出版物

多媒体硬件在近年来逐渐成为个人计算机的标准设备,这与多媒体计算机技术的发展直接相关。电子出版物又随着多媒体硬件的不断发展而迅速增长。人与传统书本的传递方式是单一的文字传递,电子出版物的出现改变了这个传统的方式,并以多种方式、从多个渠道传递文字、声音、图像、动态影像等信息。电子出版物的传播更便捷,版本修改或更新也比较方便,而且售价低廉。

现在,超文本、超媒体等新的软件技术逐渐被运用到电子出版物中,其中电子教科书对这些技术的应用最为明显,目的是开拓新的功能。学习者利用电子出版物,能够便捷、快速地获取大量知识。随着电子出版物的不断推广与传播,其在教育领域将会越来越普及。

(2)虚拟大学

随着计算机通信网络的兴起与发展,其在教育领域产生了非常巨大的影响。计算机网络自 20 世纪 90 年代以来在全世界广泛传播与蓬勃发展,信息传递因此而发生了巨大变化,主要体现在传递形式、传递速度、传递距离、传递范围等各方面。如何将计算机通信网络应用到教育中,这是美国、英国等发达国家近年来热衷探索的一个领域。许多大学、教育研究机构利用计算机网络将各学科不同形式的教育课程提供到社会有关领域,也就是创办“虚拟大学”,而且承若颁发相应证书。

学习者可以在“虚拟大学”中利用计算机网络对课程进行查询、选择,并提问教师,请求教师帮助,还可以对他人发表的文章进行阅读,或参加一些讨论,等等。这种利用计算机网络的学习方式具有交互性、自主性,学习者对学习时间、学习地点、学习内容和学习进度等的选择与安排都相对自由，师生之间交流信息是双向的，这有效提高了学习的灵活性和学习效率。依托计算机网络建立的“虚拟大学”将随着光导通信“高速公路”的建成而不断普及。

(3)虚拟真实

教育领域近年来开始尝试采用一种新技术，就是依托计算机虚拟技术对类似于真实环境的学习场景进行模拟建设。利用计算机虚拟真实技术可以创造人造世界。学习者要将一个特殊装置戴在头上，并戴好能够对肢体位置方向进行记录的数据手套才能进入这个虚拟的学习场景。学习者佩戴的这些装置使其产生自己就是处于真实环境中的错觉。美国一些医学院采用这种技术建立了多媒体交互作用虚拟真实系统，主要对外科手术情景进行模拟，不管是简单的开刀手术，还是复杂的器官移植手术，利用这个虚拟真实系统都可以进行模拟。医院将此作为培训实习生的主要手段，以此锻炼实习生的胆量和操作技能。实习生可就手术室的操作过程反复进行练习，对不同方法进行尝试，以更好地判断自己的操作是否正确、规范。交互作用式学习、探索式学习等新型学习方式因为这种教学新技术的不断发展而拥有广阔的发展前景。

(4)智能化教师系统

智能化教师系统是一种先进的计算机软件系统，其采用人工智能技术建立而成，人工智能技术是一门新兴科学，主要研究的是以人造智能机器或智能系统对人类智能活动能力进行模拟。

智能化教师系统主要是利用计算机对人们的学习提供帮助，可全方位指导学生的学习过程，具体包括以下几点。

第一，对不同学生的学习能力及知识水平进行评估。

第二，根据评估结果提供适合学习者的课程，课程知识主要利用多媒体技术来讲授、演示。

第三，为学生布置作业、检查作业。

第四，及时帮助学生解决学习中遇到的困难和问题，或根据学生的需求和学习水平的提升而对学习内容进行调整等。

2. 网络化教育应用

互联网应用的高速发展是教育技术网络化最明显的标志。体现在互联网上的这种宽带、远程、广域通信网络技术的重大革命，必将深深影响未来高等教育，而且对教育体制、教育方法手段及教育模式的影响最为明显。

地域和时空因素不会限制互联网环境下的教育体制和教学模式，高等教育通过计算机网络可向全社会和全世界的任何角落扩展，开放式大学将随着计算机网络的不断发展而逐渐成为势不可当的趋势。在互联网环境下的教育体制中，每个人都扮演着教师与学生的双重角色，每个人可以通过网络来学习、娱乐或工作，而且时间、地点都很自由。每个人都能利用网络向一线教师请教或寻求帮助，甚至会有最权威的专家指导他们，每个人也可以在世界知名图书馆借阅藏书，从世界各个角落获取自己需要的资料信息。借助多媒体教育网络可以在很短的时间内完成以上事情，你需要的知识、信息、资料、专家等可以说是近在眼前，唾手可得。这种高质量的教育是世界上每个公民都能平等享受的，这是理想化的全民教育。

在计算机网络教育环境下，可以采用个别化的教学方式，也可以采用协作型的教学方式，还可以将这两种教学方式结合起来，这种网络教学模式和传统教学模式有很大的不同。它是根据个人需要而有针对性地实施的，学习者完全可以按照自己的需要对教学内容、方式、时间以及指导教师进行自由选择。这种开放大学在新时期将越来越普及。

3. 课件开发应用

我国在课件开发方面明显落后于发达国家，但客观而言，我国课件开发的发展还是比较快的。政府重视和计算机普及是课件开发快速发展的主要原因。课件开发的资金主要来源于一些软件公司，此外也有政府的专项拨款。

现代远程教育也是教育部非常关注的一个项目，为了开发教学软件、网上教学资源，建设教育网站，国家投入高额资金予以扶持。当前在课件开发研究方面，电子作业支持系统和基于教学策略的课件是两个比较新且受关注的热点。

4. 应用模式多样化

在教育技术应用方面，世界各国都有不同的模式和要求，各国从本国国情和社会需求出发研究教育技术应用，不管是应用层次，还是应用模式，都有自己的特点。多元化的应用模式主要包括“常规模式”（基于投影、幻灯、语言实验室、视听设备等多种教学媒体）、“多媒体模式”（基于多媒体计算机）、“虚拟现实模式”（基于计算机仿真技术）、“网络模式”（基于网络）等。

在上述教育技术的应用模式中，常规模式占主导，而且在今后一段时间内，常规模式的主导地位基本不会动摇，广大中小学基本都是以常规模式为主，不管是在我国还是其他国家都是如此。在“常规模式”日益普及的同时，“多媒体模式”“网络模式”等其他模式也在快速发展，这是现代教育技术发展的一个重要趋势。

5. 促进教育均衡发展

教育技术的应用现在广受重视，教育技术工作者将此作为促进教育均衡发展的一个重要路径。教育均衡发展主要从以下几个方面体现出来。

第一，随着教育规模的扩大，有机会接受教育的人越来越多。

第二，城乡间逐步实现优质教育资源共享。

第三，基础教育、高等教育、职业教育、远程教育、非正式教育等都得到快速发展。

第四，逐步构建了终身学习体系。

第三节 现代教育技术是教育信息化的推动力

传统教育和管理方式在信息技术高速发展的今天面临着极大的挑战,教育的变革势在必行。教育的改革趋势基本上是突破带有封闭性、阶段性和精英式的传统教育模式,而向新的教育模式转变,体现教育的大众性、开放性和终身化,而且要重点改革传统学习思维观念和行为方式。

一、教育信息化的概念

教育信息化指的是将现代化信息技术应用到教育领域,促进教育深入改革和全面发展的过程。[①] 信息化教育作为一种全新教育形态,是教育信息化发展的必然结果。

二、教育信息化的特征

教育信息化主要有以下几个特征。

(一)教育信息载体多媒体化

这一特征主要体现在以下两个方面。
第一,教育信息载体的集成性。
第二,教育信息应用的互动性。

(二)教育信息处理数字化

这一特征主要表现如下。
第一,教育信息处理的简便性。
第二,教育信息处理的统一性。
第三,教育信息处理的可靠性。

---

① 李颖,董彦. 现代教育技术应用[M]. 合肥:中国科学技术大学出版社,2013.

(三)信息传输网络化

信息传输的网络化有助于打破时空条件的限制,使学习者高度共享教学资源,并为远程异地协作提供方便。

(四)教学过程智能化

教育信息化的这一特征有助于对学习者进行智能指导,并使学习界面智能化。

三、我国教育信息化的发展

1999 年,《中共中央国务院关于深化教育改革全面推进素质教育的决定》在全国教育工作会议上正式颁布,该文件指出:要大力提高教育技术手段的现代化水平和教育信息化程度。[①] 从这一文件颁布到现在,我国教育信息化建设突飞猛进,取得了可喜的成果。

政府自上而下推动是我国推动教育信息化的主要形式。为加快教育信息化发展,国家和地方教育行政管理部门提出了很多政策,给予资金支持,并实施多项工程,下面简要罗列在 21 世纪左右开设的几项工程项目或实施的政策。

1994 年,创建“中国教育与科研计算机网”。

2000 年,“中国教育卫星宽带多媒体传输平台”开始运行。

2000 年,《关于在中小学实施“校校通”工程的通知》和《关于在中小学普及信息技术教育工作的通知》在全国中小学信息技术教育工作会议中被正式提出。

2003 年,“全国现代远程职业教育资源建设项目”基本完成。

2005 年,“中小学教师教育技术能力标准”逐步实施;“农村中小学现代远程教育工程”得以开展,高校网络建设力度不断加

① 李颖,董彦. 现代教育技术应用[M]. 合肥:中国科学技术大学出版社,2013.

强等。

在我国教育信息化发展中，以上项目发挥了巨大的作用，正是因为有这些政策和工程的带动，各类学校的信息化建设才在近年来取得了明显的成果。

现阶段，信息化的硬件基础建设几乎在我国所有高校和大多数城镇中小学都已经基本完成，依据教育信息化发展的阶段理论，当前我国教育信息化正处于“应用与整合”的新发展阶段。以下是我国教育信息化发展的几个主要方向。

第一，新技术和新媒体的应用。

第二，信息技术与课程的整合。

第三，教育技术能力的锻炼。

第四，教学方法与模式的革新等。

四、现代教育技术在教育信息化中的推动作用

在信息时代，学校教育教学随着信息技术与网络技术的迅猛发展而发生了深刻变革。学科教学的发展也因现代教育技术的引进与普及而迎来了广阔的天地。在教与学的过程中，信息传输过程在现代教育技术的推动下不断优化，应试教育的传统模式也因此而被打破。现代信息技术具有高科技性，其推动了素质教育理念在学校的确立与贯彻。现代信息技术下的教育资源非常丰富，教学方式灵活多样，这为素质教育的落实提供了广阔的空间，有效推动了素质教育的全面推行。

媒体传播技术是现代教育技术的重要组成部分，利用这个技术，可以对良好的学习环境进行创设，营造浓厚的学习氛围与有效的问题情境，使学生的思维与情感活动图示化、简明化和流程化，从而有效激发学生的情感，开拓学生的思维，促进学生非智力因素与智力因素的共同发展，帮助学生解决学习问题，培养学生的创新精神。

现代教育技术的教学设计理论能够为教育工作者对信息化

手段的正确应用提供重要的理论依据，并使教育工作者从学科目标出发对有效的教学方法与模式进行针对性设计，有机整合信息技术与课程，促进教学质量的提高和学生全面发展。

第四节 现代教育技术是教育改革的突破口

信息技术在21世纪飞速发展，信息技术的核心要素多媒体技术和网络技术快速进入各个教学领域，使现代教育的手段越来越丰富，并引发了教育的深刻变革。在教育改革过程中，现代教育技术既是“制高点”，也是重要的“突破口”。

新时期我国教育改革的终极目标是对合格人才进行培养。在这个终极目标的引领下，我国教育的各个领域都开始进行深入改革，包括基础教育、高等教育、职业教育、成人教育等。基础教育改革中，素质教育是重点，而素质教育的核心是课程改革。在大规模的教育改革中，树立新的教育理念、建立新的教学模式成为主要任务。在这些改革环节中，现代教育技术发挥着举足轻重且不可替代的作用。

一、现代教育技术在教育改革中的作用

现代教育技术推动下的教育改革具有全面性，涉及多方面的变革，包括教育思想理论改革、课程内容改革、教学模式创新、师生角色变化等。下面具体分析现代教育技术在教育改革中所起的重要作用。

（一）教育改革的突破口

现代教育教学活动在新教育理念的指导下对现代教育技术进行了大量的运用，丰富多彩的技术手段在教育教学中的应用使得教育教学活动不断拓展，推动教育的大规模变革，深刻影响了

教学理论基础、教学内容、教学资源、教学模式以及教学管理。现代教育技术的系统方法理论使教学工作者从多个视角对有关学生的各个环节进行关注,从整体视角对教学活动进行设计与评价,并使教育工作者树立了新的教学理念。

现代教育技术是教育改革的突破口,这主要表现在以下几个方面。

1. 促进教育观念的更新

传统教育观倡导课堂教学以教师为中心,教师传授知识,学生被动接受知识。多媒体计算机技术、网络技术等现代教育技术参与下的课堂教学具有交互性、双向性,以学生为中心,学生自主获取知识,应试教育的观念受到威胁,素质教育逐步推行。在现代化教学中,教师应用计算机技术设计教学过程,而不只是单纯讲授书本知识,学生也利用计算机技术而自主学习,教与学的理念都发生了转变。

2. 促进教育信息资源的丰富

传统教学中,教学信息主要来源于书本和教师,随着现代教学中对多媒体技术、网络技术、通信技术及现代教学手段的大量应用,学生获取知识和信息的速度提升,渠道增加,学生的知识来源得到了明显拓展。利用多媒体技术可以统一处理各种信息,如语言、文字、图形、视频等,教学内容以多种方式呈现出来,信息传递效率大大提升,增强了教学的生动性,丰富了学生的学习方式,提高了学生学习的积极性。

3. 使传统教学组织形式发生变革

传统教学组织形式以班级集体教学为主,主要教学场所就是学校,虽然自主学习、分组学习也在一定程度上被提倡,但因为条件限制,实施起来比较困难。而在教育中大量采用现代教育技术后,个别化学习和小组学习的学习形式便越来越普及。例如,语言实验室被应用到外语学科教学中，学生自主学习；电子教室被应用到计算机教学中，集体教学、分组教学和个别教学均能落实；在各学科教学中都可以利用网络化的传输功能来实现教学的交互性与实时性。

（二）促进教育教学模式的改革

现代教育对教学形式提出了多样化的要求，在丰富的教学形式下，不仅可以培养学生的知识素养，还能锻炼学生的实践技能，从而促进学生综合素质的提高。现代教育技术为教学工作者探索新的教学模式开创了一个新的领域，这主要体现在教学设计思想和媒体技术功能两个方面。在教育教学中应用现代教育技术，可以对教学资源进行科学而便捷的整合，对教学过程进行有效控制，并对与学习者特征相符的个性化教学模式进行创设，以提高学习效果。

（三）培养学生的学习能力

使学生在获得知识和技能的同时综合素质也得到提高，这是教育改革的一个主要目的，而综合素质包含很多要素，学习能力就是其中一个重要构成因素。现代教育技术为学生学习提供了广阔的空间，学生选择学习方式的自由度增加，并在教师的指导下快速实现学习目标。学生的学习能力会在这一过程中得到一定程度的提高与改善，包括综合判断能力、信息处理能力、问题分析能力以及自主学习能力等。

二、现代教育技术学习的意义

在我国教育改革和教育现代化进程中，现代教育技术发挥着关键的作用，推广现代教育技术受到我国各级各类教育部门的高度重视。由于现代教育技术涉及广泛的知识面，所以必须掌握有效的方法和相关技能才能将现代教育技术合理运用于教学领域，从而充分发挥现代教育技术的作用。因此,让广大教育工作者专门学习现代教育技术和进行相关培训非常必要,这是他们掌握现代教育技术,并在教育教学问题的处理中有效运用现代教育技术的必然渠道。对此,一方面要加强对在职教师的培训,使其学习并掌握现代教育技术理论和技能;另一方面要在高校开设现代教育技术相关课程,使有意向从事教师职业的学生树立现代教育技术的观念,掌握相关理论和方法,为将来从事教育工作打好基础。

三、现代教育技术学习的内容

现代教育技术学习的内容主要有以下几点。

(一)现代教学设计的理论与方法

对于现代教学设计的理论基础与思想观念,教师要有深入的了解,并做相应的研究,要学会将现代教学设计方法应用到教学活动的策划中,这样才能有效发挥教育技术的作用,避免对高科技教学手段的盲目应用,摆脱教学的形式主义。

(二)媒体技术

现代教育对教师的信息素养提出了较高的要求,不仅要求教师掌握信息技术,还要掌握媒体技术、教学资源开发技术等硬件技术,并能在教学中有效运用这些技术手段,真正实现教育技术的应用。

(三)教学软件的开发技术

开发和制作教学软件也是21世纪教师应掌握的一项基本技术,教师只有学会开发教学资源和制作多媒体课件,才能对教学内容进行科学组织,对教学模式进行有效设计,提高教学活动的科学性与实效性。所以说教学软件的开发技术也是现代教育技术学习的主要内容之一。

四、现代教育技术学习的方法

(一)学习理论

现代教育技术是一门综合性的交叉应用科学,其由多学科的理论相互渗透而形成。只有系统学习现代教育技术的理论知识,才能掌握和应用各种技术方法。

(二)训练技能

让学习者深入了解现代教学媒体,并对信息技术的使用要领和操作技能加以掌握是开设现代信息技术课程的主要目的之一。因此在这门课程的教学中,要重视对学习者实践技能的训练,使其经过系统训练后,学会操作教学媒体和制作教学软件。

(三)实践探索

在现代教育教学中应用现代教育技术来优化教学效果需要经历一个较为复杂的过程,这个过程没有固定的模式,主要是教师发挥主观能动性,正确运用各种现代教学媒体技术来开展教学活动。在这个教学实践中,教师要勇于探索,积极创新,如此才能不断提高教学水平,并进一步完善现代教育技术的理论和方法。

第二章　现代教育技术教学应用的相关理论

作为一门新的综合性应用学科，现代教育技术涉及多门学科的相关理论，其中学习理论、视听教育理论、教育传播理论、教学设计理论等对现代教育技术的发展产生了较大的影响。本章主要对这几个理论进行研究，以期为现代教育技术在教育教学中的应用提供理论依据。

第一节　学习理论

一、行为主义学习理论

（一）行为主义学习理论的基本观点

行为主义学习理论从 20 世纪初到 20 世纪中期一直占主导地位，华生、斯金纳和桑代克等是这一学习理论的主要代表人物。

一般可以用“刺激—反应—强化”来对行为主义学习理论进行概括，这一学习理论的基本观点是，外部刺激引起的外在反应是产生学习的主要原因，由外部刺激引起的内部心理变化没有受到重视，认为内部心理过程对学习没有影响。

在行为主义学习理论中，学习者就像“黑箱”，学习过程是学习者行为不断变化的过程，这个过程是可以观察到的。按照这个观点，学习者的学习过程就是被动接受各种刺激的过程；教师的主要职责是将知识传授给学生，给学生施加刺激，对学生的各种反应进行观察，强化积极的反应，补救或纠正消极的令人不满意的反应；而做出反应，被动接受教师传授的知识是学生的主要学习任务。

行为主义学习理论在实际教育中的应用普遍可见。例如，在课堂教学中，对于认真听讲的学生，教师会不吝表扬，这部分学生受到激励后会保持认真听讲的态度与行为，而不认真听讲的学生为了受到表扬，也会转变学习态度，认真听讲。事实上，让上课不认真的学生变得认真是教师表扬上课认真听讲的学生的主要目的。

下面简要归纳行为主义学习理论的基本观点。

第一，学习是刺激与反应的联结。

第二，学习者的学习过程是尝试错误的渐进过程。错误在学习中难免会出现，对此要正确看待。

第三，表扬、批评等强化手段是影响学习的重要因素。

（二）程序教学理论

程序教学的概念是在行为主义学习理论中提出的，该理论对关于程序教学的原则进行了总结，随着教学原则的不断完善，程序教学理论也逐渐形成，如图 2-1 所示。

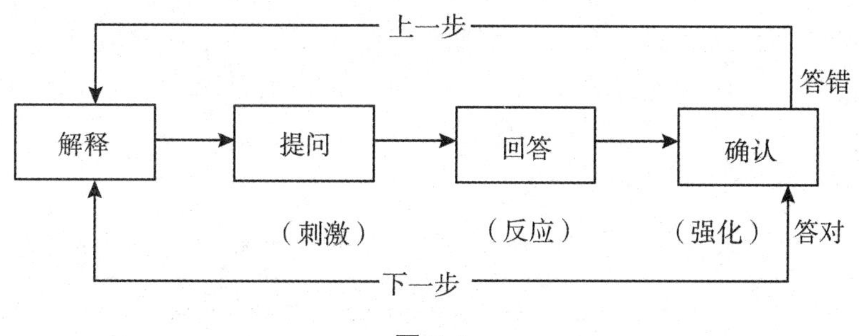

图 2-1

程序教学理论提出，为了最大化地提高强化的频率，最大程度降低教学中因出错带来的消极反应，应将教学内容分解为一个个相互关联的教学单元来有序实施。

程序教学原则是根据刺激—反应—强化的原理总结而成的，具体内容如下。

1. 小步子原则

按照教学内容的内在逻辑，将其划分成多个小单元，再按一定的逻辑顺序排列这些小单元，制作程序化教材。学生遵循循序渐进原则来一步步学习每个单元的知识，先从简单的单元开始，逐步向有难度的单元过渡，程度也越来越深。在今天的教学中，设计教学课件依然需要遵循小步子原则，但不同的是，行为主义学习理论的代表人物斯金纳主张尽可能细致地划分各个学习单元，也就是每个单元越小越好，这样容易造成学生厌学，不利于学生对学习内容的整体把握。而现代教学如果要贯彻小步子原则，要求合理划分学习内容单元，单元大小根据教学目标、教学任务及具体教学内容而定。

2. 积极反应原则

斯金纳认为，传统教学以教师为主导，学生的学习存在很大的被动性，对于教师提出的各个问题，学生做出反应的机会并不多，这种学习方式是消极的，要改变这一点，就要在课件制作过程中尽可能让每个学生对每个学习单元都做出积极反应，学生做出反应的方式有选择、填空和输入答案等，这是让学生形成并保持积极学习态度的重要手段。

3. 及时强化原则

教师要在学生做出反应尤其是正确反应后给予“及时强化”，让学生知道自己的反应是否正确，并进行相应的调整。

4. 低错误率原则

教师要根据具体教学内容和教学要求由浅入深地排列教学

单元，使学生在学习过程中由已知到未知，尽量对每个学习单元都做出正确反应，最大限度地降低学生学习的错误率，使学习效率得到最大化的提高。

5. 自定步调原则

传统教学中，所有学生以同样的学习进度来学习各单元的内容，因而导致学生发展的自由性受到了极大的限制。程序教学理论提倡围绕学生这个中心展开教学，让学生从自身情况出发对学习进度自由安排，学生按照自己的节奏学习，学习内动力会不断得到强化。

二、认知主义学习理论

（一）认知主义学习理论的基本观点

认知主义学习理论认为，学习个体本身会对环境产生这样或那样的作用，大脑的活动过程能够向具体的信息加工过程转化。布鲁纳、苛勒、加涅和奥苏贝尔等是认知主义学习理论的主要代表人物。

人要在社会上生存，必然要与周围环境互相交换信息，作为认知主体的人也会与同类发生信息交换的关系。人是信息的寻求者、形成者和传递者，从一定意义上来讲，人的认识过程也就是信息加工的过程。①

认知学习理论的基本观点为，在外界刺激和人内部心理过程的相互作用下才形成了人的认识，而不是说只通过外界刺激就能形成人的认识。依据这个理论观点，可以这样解释学习过程，即学习者从自己的兴趣、需要出发，将所学知识与已有经验利用起来对外界刺激提供的信息进行主动加工的过程。

① 孙方，周本东，朱永海．现代教育技术[M]. 北京：科学出版社，2012.

(二)认知主义学习理论对教学的要求

从认知学习理论的基本观点来看,教师不能简单将知识灌输给学生,而要将学生的学习动机激发出来,对学生的学习兴趣进行培养,使学生能够将已有的认知结构和所要学习的内容联系起来。学生的学习不再是被动消极的,而是主动选择与加工外界刺激提供的信息。

如图 2-2 所示的是认知主义学习理论下的教学过程。

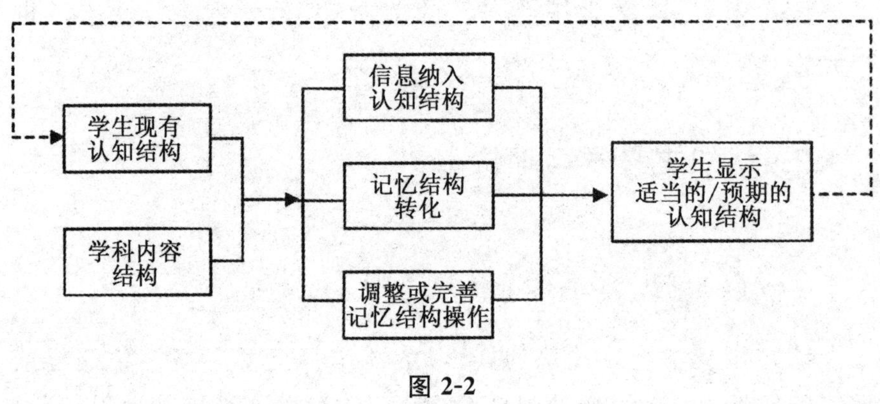

图 2-2

认知主义学习理论认为,影响学习者学习的因素中,学习者自身已有的认知结构具有非常重大的影响,在教学中应将教学内容结构直观地展示给学习者,让学习者对各单元教学内容之间的相互关系有深入的了解。

三、建构主义学习理论

(一)建构主义学习理论的基本观点

行为主义学习理论和认知主义学习理论都认为世界是实在的、有结构的,人类可以认知这种结构,对客观实体及其结构的反映是人们思维的主要目的。

建构主义学习理论认为个体与外部环境的交互作用使得知

识得以产生，人们会从自己的已有经验出发来理解客观事物，每个人对知识都有自己的理解和判断。维果茨基、皮亚杰等是建构主义学习理论的主要代表人物。

行为主义学习理论、认知主义学习理论和建构主义学习理论对知识的观点不同，这是它们之间的本质区别。

客观主义学习理论主张“灌输知识”，这是错误的。给学生准确传递知识是教学的主要任务，知识作为具体“实体”，它的存在具有独立性，而不依赖于人脑，人要真正理解知识，首先要将知识完全“迁移”到大脑中，并使其进入自己的内心活动世界。

每个人都可以按照自己的认知与想法来理解客观存在的世界，并赋予其一定的意义。建构现实或解释现实是建立在主观经验基础上的。每个人都用自己的头脑创建了经验，因为各有各的经验，所以基于经验而对客观世界的理解也有一定的差异。建构主义更关注在知识的建构中，如何将原有经验、心理结构有效利用起来。

建构主义学习理论认为，学习者是在一定情境下，通过自己的主观参与，同时借助他人的帮助，通过意义建构的方式而获得知识的，而不是通过教师传授得到知识的。

（二）建构主义学习理论下的学习环境分析

建构主义教学理论则要求教师在学生主动建构意义、获取知识的过程中起到帮助和促进的作用，而不是给学生简单灌输和传授知识。因此在教学过程中，教师首先要转变教育思想，改革教学模式。学生是在一定的学习环境下获取知识的，学生在获取知识的过程中需要主观努力，也需要他人帮助，而且也离不开相互协作的活动。建构主义学习理论要求有利于学习者获取知识的学习环境应具备情境创设、协作、会话、意义建构等基本属性或要素。下面具体分析这四个基本要素。

1. 情境创设

学习环境中必须要有对学生意义建构有利的情境。在建构主义学习环境下，教师要基于对教学目标的分析与对学生建构意义的情境创设问题的考虑而设计教学过程，并在教学设计中把握好情境创设这个关键环节。

2. 协作

在学生的整个学习过程中都离不开协作，如学生搜集与分析学习资料、提出和验证假设、评价学习成果及最终建构意义等都需要不同形式的协作。

3. 会话

在协作过程中，会话这个环节是不可或缺的。学习小组要完成学习任务，必须先通过会话来商讨学习的策略。学习小组成员之间协作学习的过程也是相互不断会话的过程，在这个过程中，学习者的学习资源包括智慧资源都是共享的。

4. 意义建构

学习过程的最终目标就是意义建构。建构的意义指的是事物的本质、原理以及事物与事物之间的内在联系。帮助学生在学习中建构意义，就是帮助学生深刻理解学习内容反映的事物的本质、原理及其与其他事物之间的内在联系。①

第二节　视听教育理论

一、视听教育理论的核心——“经验之塔”

在教育教学中，各种视听教学媒体发挥着非常重要的作用，视听教育理论也指出了这一点。视听教育理论是现代教育技术

① 孙方，周本东，朱永海．现代教育技术[M]．北京：科学出版社，2012.

应用的基础理论之一，也是教育技术应用需要遵循的一个基本规律。关于视听教育理论的研究中，戴尔（美国教育家）撰写的《教学中的视听方法》（1946 年）产生了巨大的影响。视听教育理论的核心——“经验之塔”就是出自这本书。“经验之塔”理论将人们获得的经验划分为做的经验、观察的经验和抽象的经验三种类型，并将经验获取方法分成若干层次，经过不断改进后，该理论的基本模型如图 2-3 所示。

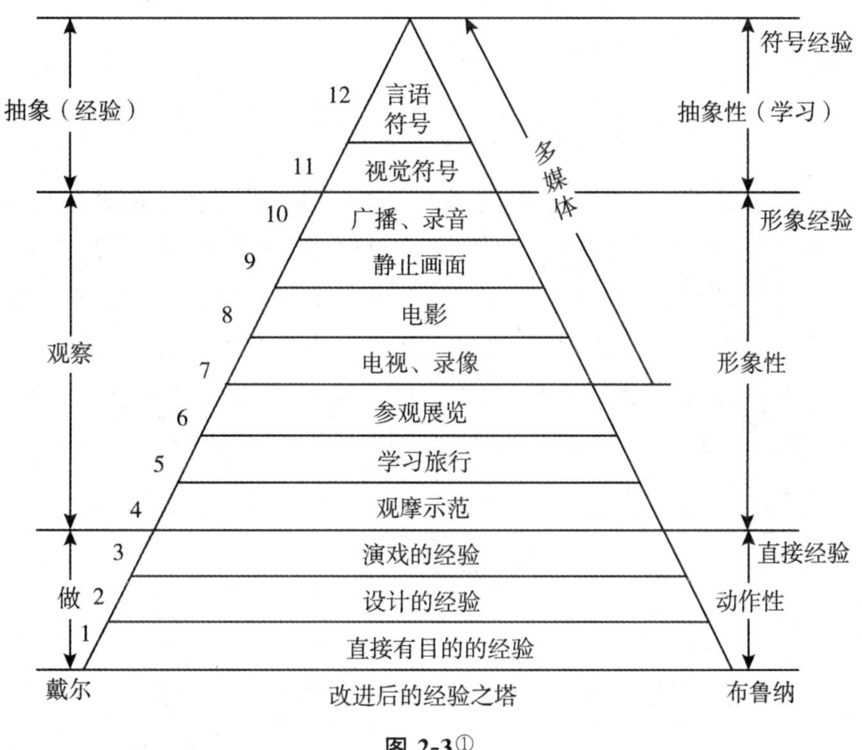

图 2-3①

（一）做的经验

1. 直接有目的的经验

在“经验之塔”模型中，位于最底部的是直接有目的的经验，

① 周树海. 现代教育技术[M]. 北京：北京师范大学出版社，2011.

指的是从日常生活的具体事物中获得的知识，这类经验最具体也最丰富，从日常生活中总结而来，学习者获得直接经验是形成概念和进行抽象思维的基础。

2. 设计的经验

通过间接材料（如学习模型、学习标本等）获得的经验就是设计的经验。由人工设计、仿制的学习模型和标本与实物是有差异的，如大小差异、结构差异、复杂度差异等，尽管如此，学习者利用这些材料可以更好地理解实际事物。

3. 游戏的经验

通过演戏、表演等获得的经验更接近现实。学习者要获得关于社会观念、意识形态、历史事件等事物的经验，通过直接实践是行不通的，因此要根据这些事物的特点来设计相应的表演活动，让学习者在活动中通过角色扮演获得逼真的经验。

上述经验的共同特征是都通过学习者的亲自实践而获得，比较具体、丰富。

（二）观察的经验

1. 观摩示范

学习者先模仿别人，再亲自尝试，以获得直接经验。

2. 见习旅行

学习者在参观访问、考察等活动中对真实事物进行观察与学习，从而增长见识，获得丰富的经验。

3. 参观展览

学习者通过观察展览活动中陈列的实物、图表、模型、照片等事物而获取经验。学习者在参观展览中看到的事物缺乏真实性，也不具有普遍意义。

4. 电视与电影

学习者观看电视与电影获得的经验是间接的。利用电视、电影艺术可以将教学中的难点内容形象表现出来，表现手法有编辑、动画、特技等，采用这些丰富的手法可以生动形象地呈现教学内容，使学生理解起来更方便。电视和电影相比，具有直接功能，学习者观看电视获得的经验比观看电影获得的经验相对来说更直接一些。

5. 广播、录音、照片与幻灯

学习者听录音、广播，看幻灯与照片，可获取相关信息，形成视听经验。这些经验来源的真实性不及电视、电影，比较抽象，但和完全抽象的经验相比，还是具有直接性的。

抽象思维伴随着学习者学习的整个过程，只是程度有差异。随着信息技术的日益普及，应在这层经验和电视电影之间增加“计算机互联网”这个新的层次经验。

以上经验的共同点是都通过学习者的“观察”而获得，它们在“经验之塔”中的分布越高，就越抽象。

（三）抽象的经验

1. 视觉符号

学习者在示意图、图表等事物中获得的经验都是视觉符号经验。如水的流动方向用箭头代表，铁路用线条代表等。这些符号是真实事物的抽象表示形式，学习者在这些视觉符号中无法看到真实事物的形态。和语言文字相比，视觉符号更直观一些，学习者要对视觉符号所代表的事物有正确的理解，这样才能学到知识，获得有价值的经验。

2. 言语符号

在“经验之塔”模型中位于最顶端的言语符号的抽象程度是整个模型材料中最高的。言语符号是事物与观念的抽象表示方法,包括口头语、书面语等。言语符号几乎不能单独发挥作用,而要和模型中的其他材料结合起来发挥作用。

二、“经验之塔”理论的要点分析

“经验之塔”理论的基本要点如下。

第一,“经验之塔”模型中最底层的经验是最直接和最具体的学习经验,学习者容易掌握,层次越高,经验的抽象程度和间接程度就越强。最抽象的是顶层经验,这一层次的经验便于形成概念,应用起来较为便捷。学习者并不是一定要经历从底层到顶层的这个过程才能获得经验;也没有说哪个层次的经验比其他层次的经验更有价值,对经验进行层次划分,只是为了对不同经验的抽象程度有一定的认识。

第二,观察经验在“经验之塔”中处于中段位置,和抽象经验相比,这类经验相对更形象、具体,更容易被学习者理解,有利于对学习者的观察能力进行培养,并使其直接经验得到弥补。

第三,获得具体经验并不是学习的目的,要在获得具体经验后过渡到抽象经验,以形成概念,便于应用。在推理中需要用到概念,思维与求知都要以概念为基础,这有利于对实践进行有效的指导。在教育中不能过分重视直接经验和过分追求具体化的教学,而要尽可能使学习者达到普遍化的充分理解。

第四,在学校教学中,为了使教学更直观、具体,应充分运用丰富的教学媒体手段,这也是使学生获得更好的抽象经验的重要手段。

总之,“经验之塔”理论模型对学习经验进行分类,说明各种经验的抽象程度,这与人们的认知规律相符,即从具体到抽象、从感性到理性、从个别到一般。

三、视听教育理论的贡献及局限性

(一)视听教育理论对现代教育技术的贡献

视听教育理论的核心是“经验之塔”,其对现代教育技术起到以下几个方面的作用。

第一,“经验之塔”理论划分出具体学习经验和抽象学习经验两种类型,提出学习者的学习规律是从直观到抽象,这与人类的基本认识规律相符,为教学中对视听教材的应用提供了重要的理论依据。

第二,为划分视听教材的类型提供了重要的理论依据,即划分视听教材时,应参考的一个主要依据就是各教材所对应的学习经验的抽象程度,对视听教材的合理分类能够为划分教学媒体的类型和优化选择教学媒体奠定基础。

第三,有机结合视听教材与课程,这也是现代教育技术研究与应用的思想基础。

(二)视听教育理论的局限性

视听教育理论具有以下局限性。

第一,只对视听教材本身的作用进行强调,而对设计、开发、制作及管理等一系列环节不够重视。

第二,视听教育理论对媒体在教学中地位与作用的认识不到位,认为视听教材只是教学的辅助手段,这会导致教育改革的不彻底和视听教育的作用得不到充分发挥。

第三节　教育传播理论

在现代教育学中,用传播学理论对媒体与教学过程进行研究,从中对教学过程中媒体的作用机理进行探索,这是比较传统的一个研究手段，教育传播学就产生于这个研究中。本节主要对教育传播理论的模式、应用、传播过程的功能条件及教学传播中媒体的作用进行分析。

一、传播理论及模式

传播源于拉丁文 communicure，是共享、共用的意思。英语中的传播 communication 被译为沟通、交流、传播等。当前，传播一般被解释为传播者运用一定媒体与受传者之间进行信息传递和交流的社会活动。传播有自我传播、人际传播、大众传播和组织传播四种类型，这是按照传播涉及人员的范围及传播对象划分的结果。关于传播的理论与模式，下面主要列举几个具有代表性的。

(一)香农—韦弗模式

美国数学家香农曾喜欢研究一些电报通信问题，他在 20 世纪 40 年代提出了一个和通信过程有关的单向直线式数学模型。之后又与著名信息学者韦弗共同对这个模型进行了改进，将反馈系统加入该模型，于是便形成了香农—韦弗模型，如图 2-4 所示。该模型在技术应用方面发挥了重要作用。

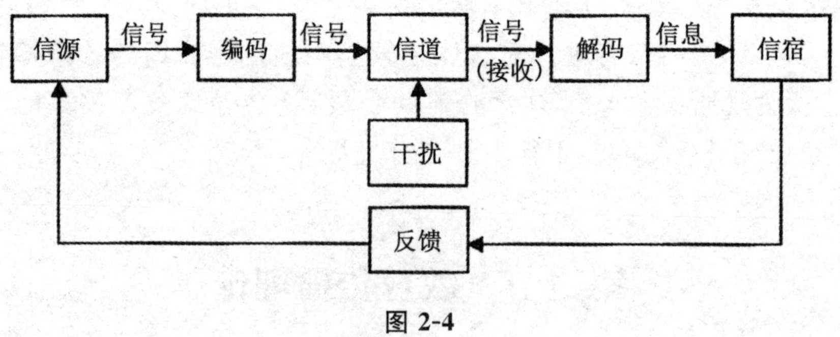

图 2-4

(二)施拉姆模式

被称为“传播学鼻祖”“传播学之父”的施拉姆在上述传播模

型的基础上，于 1954 年对有关“经验范围”的传播模式进行了构建，如图 2-5 所示。

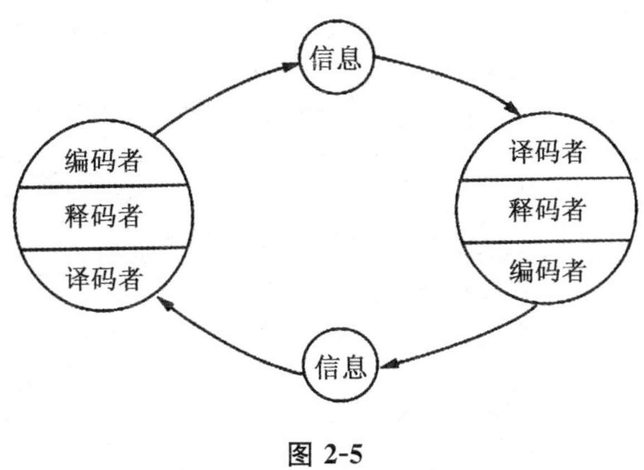

图 2-5

该模式指出，在信息传播过程中，传播者和受传者都是不可或缺的主体，受传者除了对信息加以接收并进行解释外，还会作出相应的反应，传播过程本身就具有双向性和互动性。这一模式也指出，传播者与受传者要进行真正意义上的交流，需要在双方共同的经验范围之内传播信息。只有这样，信息才能被双方共享。所以，教学传播过程可用施拉姆模式来解释。

根据施拉姆传播模式，教师在教学过程中应对学生的身心特点、知识水平、兴趣爱好、个人经验等情况予以全面考虑，尽可能在双方共同的经验范围内传播教学内容，使学生更好地掌握知识，并促进其经验范围的不断扩大。

(三)拉斯韦尔模式

美国学者拉斯韦尔指出，传播过程是由“谁”“说什么”“采取什么途径”“对谁”“产生什么效果”五个线性要素共同组成的一种线性结构，也就是“5W 模型”。从传播学的角度来看，这五个因素分别对应的是信息源、信息本身、受传者、媒体以及期望的产出。[①]它们之间的关系如图 2-6 所示。

① 孙方，周本东，朱永海．现代教育技术[M]．北京：科学出版社，2012.

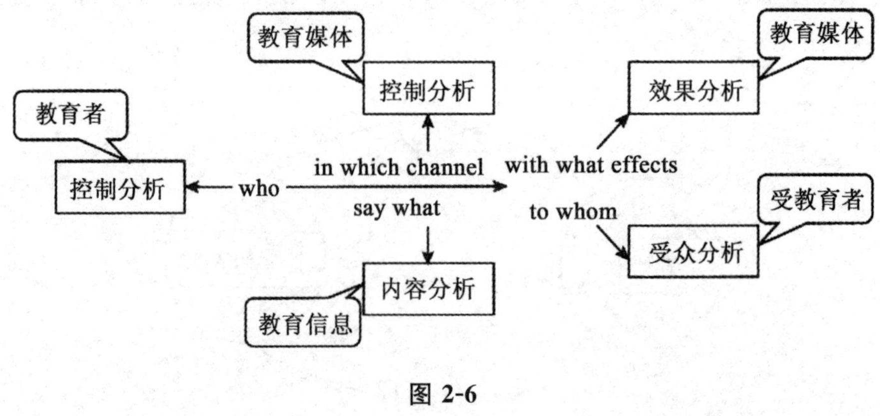

图 2-6

(四)贝罗模型

贝罗在上述模式的基础上,于 1960 年提出了 SMCR 模型(图 2-7),S 即 source,指的是信息源;M 即 message,指的是信息;C 即 channel,指的是信息传播通道;R 即 receiver,指的是受传者,该模型是对信息传播过程的详细说明。[①]

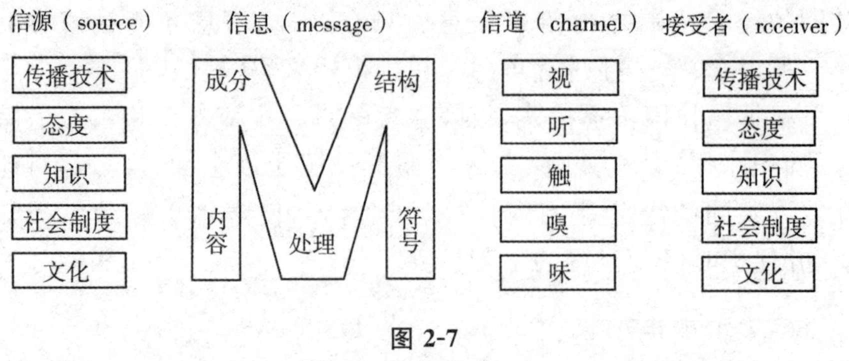

图 2-7

贝罗模型指出,传播过程中的某个环节并不能直接决定传播的最终效果,传播结果主要由传播过程的各个要素及其相互关系决定,而传播过程中的各组成部分又受多方面因素的影响。

① 周树海. 现代教育技术[M]. 北京:北京师范大学出版社,2011.

1. 信源、接受者的影响因素

信源、接受者对信息传递效果有重要影响，它们对传递效果的影响与作用又受以下因素的影响。

(1)知识水平

信息传播者是否完全掌握信息内容，是否熟知传播方法以及信息接收者的知识水平都对最终的传播效果有影响。

(2)传播技能

不管是信息传播者的语言表达技能、写作技能，还是受传者的听读技能都对传播效果有影响。

(3)态度

信息传播者与接受者对自己、对信息内容的态度及他们相互之间的印象都会影响信息传播效果。

(4)社会阶层

信息者如何选择传播方法，接受者如何认识与理解传播内容，这与其自身的社会阶层、文化背景有关。

2. 信息的影响因素

在信息传播过程中，信息要素也受很多因素的影响，进而对信息传播效果产生影响，这些因素主要包括信息处理、结构安排以及编码方式等。

3. 信道的影响因素

影响信息传播通道的因素是传播媒体及媒体与信息的匹配度，传播媒体的选择对传播效果有重要影响。

(五)双向传播模式

香农—韦弗模式是工程学模式，工程学模式与心理学模式是传播模式的两个主要类型。心理学模式对信息源、接受者及传播效果比较关注。

双向传播模式是由罗密佐斯基提出的，他将香农—韦弗模式和心理学模式的优点结合起来提出这个传播模式，该模式是教育的重要理论依据，如图 2-8 所示。

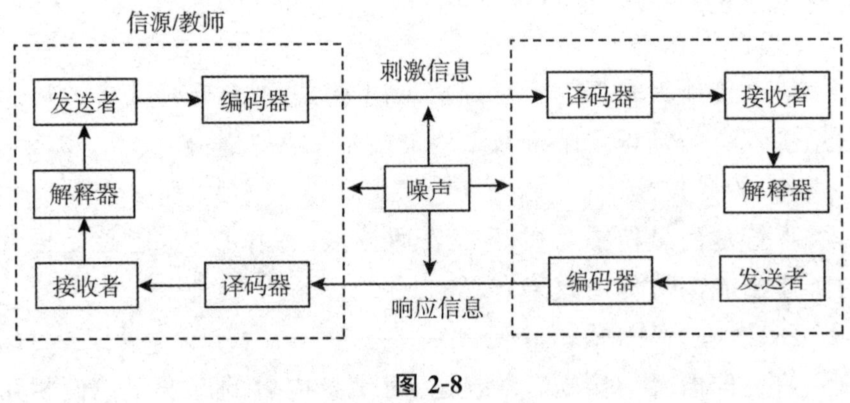

图 2-8

二、传播理论对教学过程的解释与说明

利用以上传播模式可以对教学过程进行解释与说明，这些模式为教育传播学研究奠定了重要的理论基础。

（一）指出教学过程的双向性

早期传播理论片面地认为传播过程是单向的，也就是受传者对信息内容被动接受的过程。这种理论对信息接收者作为独立个体所拥有的主动性和自主性没有正确的认识。施拉姆模式指出传播过程是双向的互动过程，传播主体不仅包括传播者，还包括受传者。之所以能够循环不断地进行传播，主要是反馈机制在起作用，这也说明了受传者的主体作用。按照施拉姆传播模式，教学过程中包含教师与学生共同的传播行为，教师传播教学信息，学生接收的同时也作出反馈，因此要从教与学两方面出发来设计与安排教学过程，并将学生的反馈信息充分利用起来，及时调控教学过程。

(二)说明教学过程包含的要素

拉斯韦尔提出了“5W”直线性传播模式，用该模式可以解释一般传播过程。有人以此为基础构建了“7W”模式。该模式指出，传播过程包含7个要素，将该模式运用到教学中，也能说明完整的教学过程包含七要素，见表2-1。

表2-1　教学过程的要素①

Who	谁	教师
Says what	说什么	教学内容
In which channel	用什么方式	教学媒体
To whom	对谁说	教学对象
Where	在什么情况下	教学环境
With what effect	有何效果	教学效果
Why	为什么	教学目的

需要注意，在教学过程研究、教学设计安排及教学问题解决中，这些要素都应纳入考虑范围。

(三)确定教学过程的基本阶段

传播是一个连续的不断变化的过程，具有明显的动态性。为便于研究，可将其划分为如图2-9所示的六个阶段，每个传播阶段都对应教学过程的一个环节，具体分析如下。

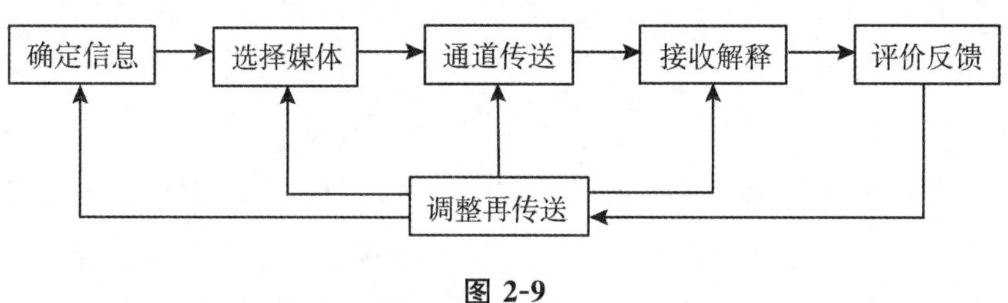

图2-9

① 李颖，董彦．现代教育技术应用[M]．合肥：中国科学技术大学出版社，2013．

1. 教学信息的确定

将所要传递的教学信息确定下来，这是教学传播的首要环节。教师要从教学目标出发来确定要传递的教学信息。通常，要传递的教学信息出自专家按照教学大纲精心编写的课程教材中。在这一阶段，教师要对课程教材认真钻研，细致分析各教学单元的内容，并进行适当分解，确定被分解后的内容所要达到的传递效果。

2. 传播媒体的选择

这个阶段主要是进行信息编码，选择适当的媒体手段来呈现与传递信息，这个过程比较复杂，需要在科学原理的指导下循序渐进地完成。教师所选的传播媒体要满足以下要求。

(1)能将教学信息内容准确呈现出来。

(2)方便获取，且传播效果较好。

(3)与学生的知识水平、经验相符，使学生接受和理解起来更快一些。

3. 信息的传递

在这个阶段重点是将以下两个问题解决好。

第一，确定媒体信号传播的范围。

第二，合理安排信息内容的传递问题，利用媒体对教学信息进行有序传递，尽可能减少外界环境对媒体信号的干扰。

4. 信息的接收和解释

在教学过程中，学生作为教学主体，不仅要接收教师利用教学媒体传递的教学信息，还要对此进行解释，作出反应。从传播学的角度来看，这个环节主要是进行信息译码。学生先用感官接收信号，然后从自身知识水平与经验出发将接收的信号解释为信息意义，并在大脑中加以储存。

5. 教学评价反馈

学生接收并解释信息后，知识得到增长，智力得到发展，但还需要通过评价来判断预期教学目的是否实现。观察学生的行为变化、课堂提问、课后作业、阶段性测试等都是可采用的评价方式。

6. 调整再传递

对比信息传播效果与预期教学目标，发现教学的不足，及时调整传播内容、传播媒体，然后再传递，以达到预期教学目标。例如，对于课堂上出现的问题，要在课堂上迅速解决；对于学生课后作业中存在的问题，如果是个别问题，以个别辅导为主，如果是共性问题，需要在课堂上集中解决；对于远程教育中的问题，多提供有价值的资料，或创造条件提供面授辅导。

（四）揭示教学过程的规律

随着传播学与教育学的不断融合，现代教学与信息传播逐渐拥有了共同的规律，将传播学与教育学理论方法综合运用起来对教学过程与规律进行研究，可有效提高教学效果。

下面具体分析传播理论揭示的教学过程的规律。

1. 共识律

共识的含义有以下两点。

第一，教师对学生的知识水平和经验予以尊重，在共同经验范围内建立传播关系。

第二，教师以教学目标、教学内容的特点为依据对教学方法与媒体进行选择与运用，以便向学生传授知识和技能，使学生将已有经验和即将接受的教学内容信息建立联结，从而取得良好的传播效果。

共识是教师与学生在教学传播活动中顺利交流与沟通的前

提与基础。学生的知识水平、已有经验及发展潜能是教师选择、组合及传递教学信息时必须参考的依据与考虑的要素。学生的知识与技能水平在不断变化，教学传播也是动态的变化过程，所以一般不存在绝对的"共识"状态，而是一个螺旋上升的反复变化的过程，即不共识—共识—不共识……在共识经验的创设中，教师必须依据学生的"最近发展区"来设定教学目标。

2. 选择律

选择教学内容、教学方法和教学媒体是教学传播过程中的主要工作环节，对这些教学要素的选择要与学生的身心特点、学习规律相符，要为教学目标而服务，争取以最小的代价最大化地实现教学目标。选择教学媒体在教育传播活动中最受关注。师生选择教学媒体一般与需要付出的代价成反比，与可能取得的教学成效成正比。所以，在教学媒体的选择中，要想方设法选择那些需要付出代价最小的教学媒体，付出最小的代价取得最好的功效。

选择教学媒体的规律是，对于功效相同的教学媒体，优先选择需要付出代价少的，对于需要付出相同代价的教学媒体，优先选择能够取得良好功效的教学媒体。

3. 谐振律

谐振指的是传递信息的"信息源频率"接近接收信息的"固有频率"，在信息传递中，二者产生共鸣。要维持教学传播活动，并提高传播效果，就必须具备谐振这个条件。师生双方能否达成谐振，与信息传播的速度快慢、容量大小有关，如果速度、容量不合理，就会导致传播过程受阻，传播活动无法继续。

教师传递信息的速率和容量要与学生认知的规律、接受能力相符，此外，还要在教学中营造宽松和谐的信息传递氛围，建立民主的师生关系，并注重对学生反馈的收集与对教学传播过程的调控，只有满足这些要求，信息传播的谐振现象才能顺利产生。不仅如此，教师还应有节奏地变换使用各种媒体方法与手段，才能使谐振现象长期维持下去。

4. 匹配律

匹配指的是在教学传播过程中，对教学对象、教学目标、教学内容、教学方法、教学媒体环境等因素进行深入剖析，使各要素按自己的特性有机和谐对应，从而维持教学传播活动的循环进行。

围绕预期教学目标而有机组合各教学要素，发挥各要素的优势与作用，从而增强教学系统的整体功能，这是实现匹配的主要目的。每个教学要素所具有的特性、功能与意义都是多元化的，要充分发挥各要素的功能，为教学目标的实现创造条件，使既定的目标能够顺利达成。如果在教学传播活动中，各要素游离松散，功能得不到发挥，则预期的目标就很难实现。

教学中采用的传播媒体直接影响教学活动的匹配效果。因此，在教学传播过程中，要对需要用到的各种传播媒体的特性、功能有全面的了解，这样才能合理组合这些传播媒体，取长补短，发挥各自的优势与功能作用，最大化地提高教学传播过程的效率与效果。

三、教学传播过程的功能条件

教学系统的结构是在系统各要素相互组合和联系的基础上构成的。这种结构可能是功能较弱的静态结构。只有在信息传播中让系统各要素相互联系与作用，并产生连续循环的动态过程，系统的多重功能才能形成。教学传播过程就是在教学系统各要素相互作用的基础上产生的循环动态过程。

教学系统内部信息传递是实现教学系统多重功能的基本条件，而要维持教学传播过程，需要教学系统各要素具备一定的条件或满足一定的要求，并在此基础上实现自己的功能。具体分析如下。

(一)教师实现功能的条件

作为教学系统中起主导作用的重要组成部分,教师应达到较高标准的要求,如精通专业、熟悉教材、了解学生、教学态度端正、传播技能良好等。此外,教师在教学中必须对教学系统的其他要素及相互关系有深入的了解,如教学对象、内容、方法、媒体、环境等。

教师自身功能的实现需要具备以下几个条件。

(1)教师在所教学科领域的知识水平要高于学生,教师通过不断的学习来提高自己的知识水平。

(2)教师要有良好的教学技能,如语言表达技能、教学媒体运用技能等。

(3)教师对教学活动要有良好的调控能力,包括调节自身状态和师生关系等。

(二)学生实现功能的条件

学生完成学习任务,各方面素质协调发展是教学系统功能实现的首要标志。学生实现其功能要具备几个条件。

(1)明确的学习目的。

(2)一定的学习能力。

(3)良好的自控能力。

(三)教学内容实现功能的条件

(1)随着社会的发展与时代的进步而不断更新教学内容。

(2)在教学内容体系中纳入具有潜在发展意义的前沿知识,注重理论与实践的有机结合。

(3)按照学科逻辑、学生认知规律来编排教学内容,如从已知到未知、从整体到部分。

(4)教材内容纵横联系、融会贯通,便于学生接受,又能启发学生探索。

(四)教学方法实现功能的条件

(1)根据教学规律、教学目的任务、教学内容特点、教学环境、学生的适应性及教师的教学能力选用教学方法。

(2)对各种有效的教学方法进行适当的优化组合,达到优势互补、相得益彰的效应。

(五)教学媒体实现功能的条件

(1)根据教学目标任务、学生特点、学校教学条件合理选用教学媒体。

(2)了解各类教学媒体的优缺点,综合使用教学媒体,达到相得益彰的效应。

(3)教学媒体功能的发挥受其自身特点及一些实践因素的影响,如媒体操作的复杂程度、媒体资源软硬件添置的可能性、媒体资源配合使用的灵活性等。在教学媒体选用中要综合考虑这些影响因素,将不良影响降到最低。

教学系统中每个要素的功能都直接影响教学系统的运行,只有充分发挥教学系统各个要素的功能,才能保证教学系统的正常运行。此外,教学系统中各要素之间的相互关系与作用情况直接决定了教学传播效果,因此要按照信息传播的规律与法则来传播教学信息,以最大化地提高教学传播效果。

四、教学传播中媒体的作用

教育传播媒体指的是教育教学信息传递中采用的媒体,在教学信息传递活动中,信源和接收者是靠媒体这个中介连接起来的,它是教师传递信息的工具,也是学生接收信息的工具。

教学理论指出,教学系统的三元模型指的是教育者、学习者、学习材料三个构成要素,在教学环境中,它们各自发挥自己的功能,经过相互作用而取得教学效果。

媒体在现代教育传播活动中发挥着举足轻重的作用，因此在教学传播系统中，媒体也是一个不可或缺的基本要素，这就构成了教学传播系统的四元模型，如图 2-10 所示。

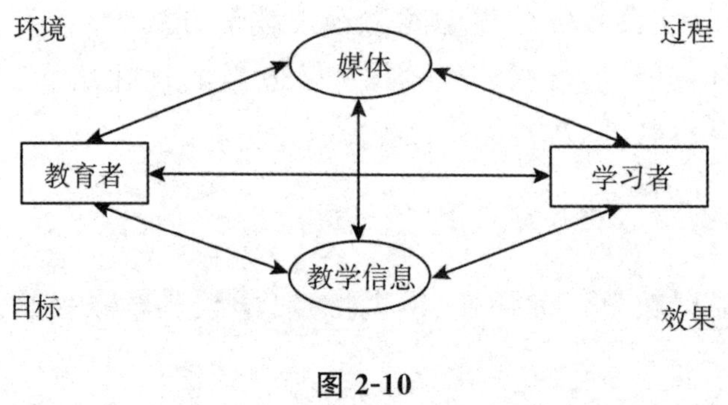

图 2-10

从某种意义上而言，三元模型中的学习材料也就是媒体化的教学信息，将学习材料要素分成“教学信息”（教学内容）与“媒体”（内容载体）两部分，就构成了教学传播系统的四元模型，它是教学系统三元模型的细化。在一定的教学环境中，教育者、学习者、教学信息及媒体四个要素相互作用，相互影响，共同促进教学效果的产生与提高。

第四节　教学设计理论

教学理论为学生学习提供了原则和策略上的帮助，教学设计理论则为学生具体运用这些原则和策略提供了指导。教学设计理论要求以教学要求、学生特点为依据来合理设计教学方案，有序安排教学内容，科学实施教学策略。

一、教学设计理论阐释

（一）九大教学事件

九大教学事件是由加涅提出的，核心是“为学习设计教学”，这是陈述性知识向程序性知识转化的重要条件。

九大教学事件包括吸引注意、告知目标、刺激回忆、刺激材料的呈现、提供学习指导、引发行为表现、提供反馈、作业评价及促进记忆与迁移。①

(二)认知学徒制

“认知学徒”的概念产生于20世纪80年代,其灵感来源是传统的学徒制,但与传统学徒制又有不同,其倡导教师多给学生提供实践机会,使学生能在不同情境中对所学知识和技能加以应用。“认知学徒”具有以下两个特征。

第一,面对复杂的现实问题,学生要通过推理、认知策略与元认知策略来解决,在这些策略的实施中要将所学知识应用其中。

第二,让学生结合现实环境来学习,以对学习的目的与应用有充分的了解。

认知学徒制提倡以下几种教学方法。

1. 示范

教师进行生动形象的示范与操作,学生仔细观察,并在模仿学习中掌握知识与技能。

2. 脚手架

在学生执行学习任务时,教师根据学生个人能力提供不同力度的支持与帮助。

3. 指导

教师观察学生的学习过程,并给予帮助和指导,如暗示、反馈、纠正等。

① 陈斌．现代教育技术[M]．北京:北京师范大学出版社,2017.

4. 表达

学生在教师的指导下把自己内心的想法表达出来，或展示自己的知识与能力。

5. 探究

学生运用专业的程序对自己的学习方法和策略进行检验，并探索更适合自己的学习方法。

6. 反思

学生对自己的思维、问题求解过程进行反思，并将此与专业的内在认知模式进行对比，发现自己的问题，及时修正。

以上方法中，前三种方法是认知学徒制的核心方法，学生对认知策略与元认知策略的掌握需要教师采用以上方法来提供帮助与指导。

（三）四要素教学设计模型

四要素教学设计模型由梅里恩伯尔教授于 1997 年提出，梅里恩伯尔教授将学习技能划分为以下两种类型。

第一，复用性技能，指常规的、被反复运用到学习过程中的技能。这类学习技能具有稳定性，适用于任何学习任务。

第二，非复用性技能，新异的、需要学生付出努力才能掌握的技能，这类技能在学习过程中的运用与学习任务有关。

四要素教学设计模型包含以下四个要素。

1. 学习任务

在四要素教学设计模型中，学习任务居于核心地位，其特点主要表现为真实性、整体性。真实性指的是学生参与的是真实存在或与现实十分接近且有意义的学习任务。整体性指的是学生以整合的方式进行技能学习。

2. 支持性信息

这主要指一般理论知识，学习这些知识有助于学生理解与操练技能。

3. 即时信息

即时信息只需要学生记忆，不需要理解，主要是为掌握复用性技能奠定基础。

4. 分任务练习

加强复用性技能操练，以达到能够熟练运用的程度。

以上四要素对应的学习步骤见表 2-2。

表 2-2　四要素教学设计模型①

四要素	学习步骤
学习任务	(1)设计学习任务 (2)确定任务顺序 (3)设定绩效目的
支持性信息	(4)设计支持信息 (5)分析认知策略 (6)分析心理模型
即时信息	(7)设计程序性信息 (8)分析认知规律 (9)分析前提性知识
分任务练习	(10)设计分任务练习

二、教学设计的模式

教学设计包含学习者、目标内容、教学策略、教学评价四要

① 陈斌．现代教育技术[M]. 北京：北京师范大学出版社，2017.

素。它们分别对应的是针对谁(who)、学会什么(what)、教学策略有哪些(which)、效果如何(what)四个问题。教学设计的基本模式如图2-11所示。

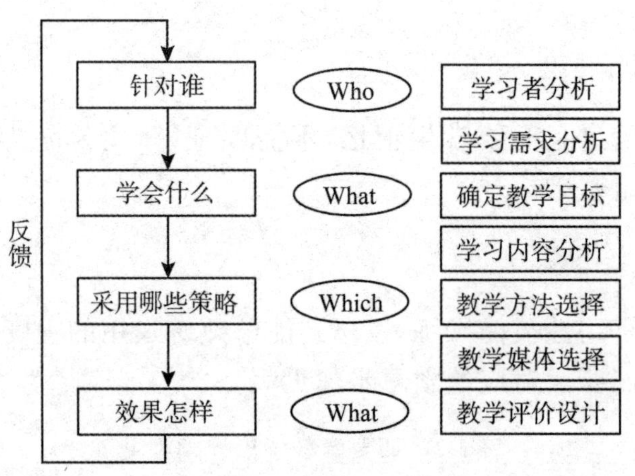

图 2-11

教学设计的下列模式是基于上述基本模式而构建的。

(一)肯普模式

肯普模式指出,教学系统包括教学目标、学习者特征、教学资源及教学评价四个要素,这四个要素对应的教学工作比较复杂,具体包括如图2-12所示的10个小椭圆形中的内容,开展这些工作,主要解决下列问题。

(1)学习者需要和应该学到什么。

(2)教师应如何“教”,学生如何“学”才能实现教学目标。

(3)评价预期教学效果。

(二)乔纳森模式

乔纳森模式如图2-13所示。该模式指出,教学设计包含六个要素,从问题(核心要素)到社会背景支持,分别对应的是确定学习主题、创设教学情境、设计信息资源、安排自主学习、设计协作学习环境、获取环境条件支持。

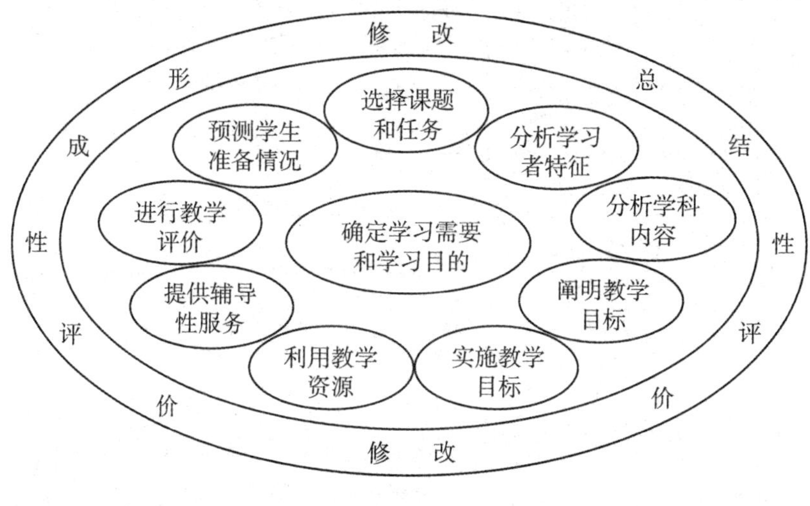

图 2-12

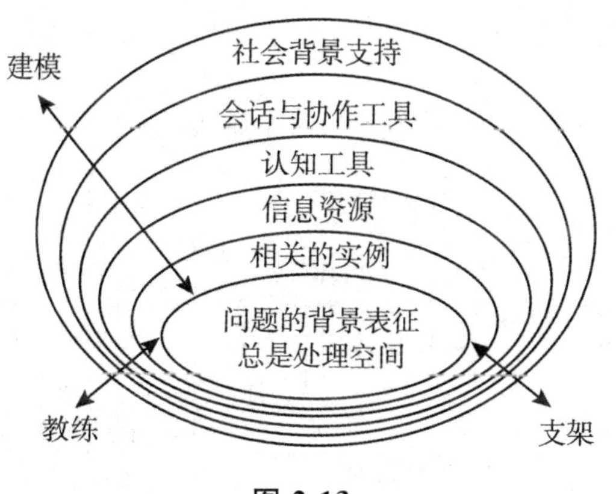

图 2-13

（三）ASSURE 模式

ASSURE 模式如图 2-14 所示，其包含六个因素，即分析学习者；陈述教学目标；选择教学方法、媒体和材料；使用媒体材料、要求学习者参与及评价与修正。各要素按一定的逻辑顺序排列，构成了教学设计的有机整体。

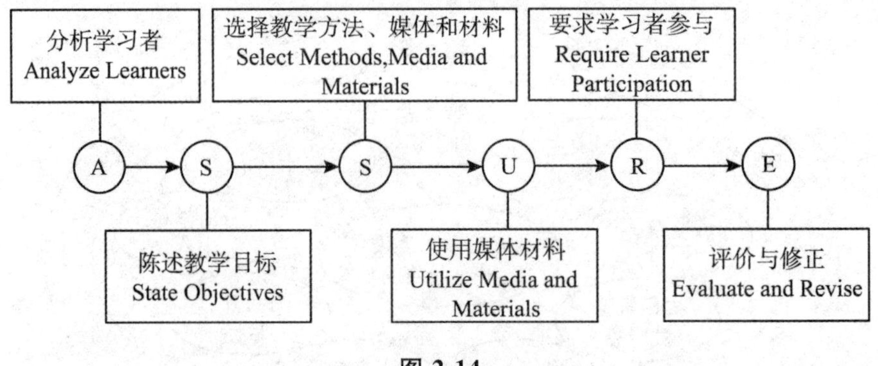

图 2-14

(四)史密斯·瑞根模式

史密斯·瑞根模式如图 2-15 所示,该模式主要包括教学分析、策略设计、教学评价三个设计步骤,每个步骤又包括一些具体的设计环节,各个设计环节中,教学策略设计是重点。

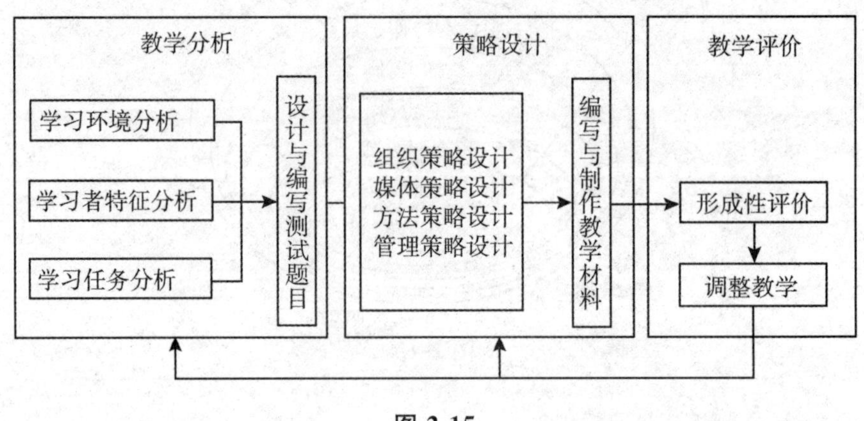

图 2-15

(五)迪克·凯瑞模式

迪克·凯瑞模式如图 2-16 所示,该模式包含 9 个设计环节,主要依据教学需要而展开各环节的工作。为便于分析,可以将这些具体的环节用三点总结概括,分别是确立教学目标、选择教学策略及实施教学评价。

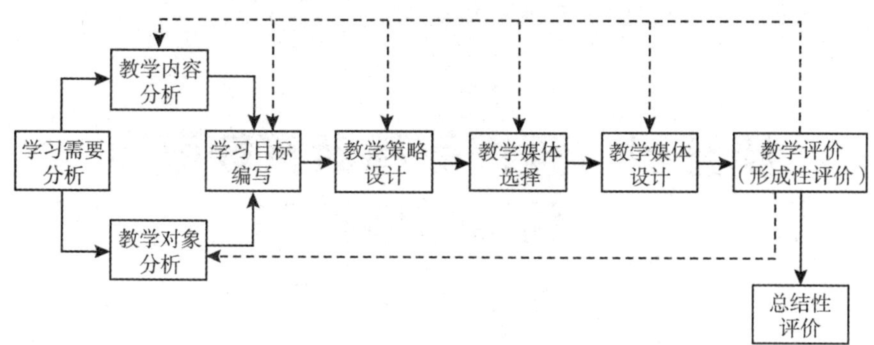

图 2-16

（六）“四阶段”设计模式

我国学者借鉴上述模式，结合我国教育情况，提出了“四阶段”教学设计模式，如图 2-17 所示。四阶段指的是设计分析阶段、选择决策阶段、设计发展阶段及修改评价阶段。该模式为我国教学设计提供了重要的理论依据。

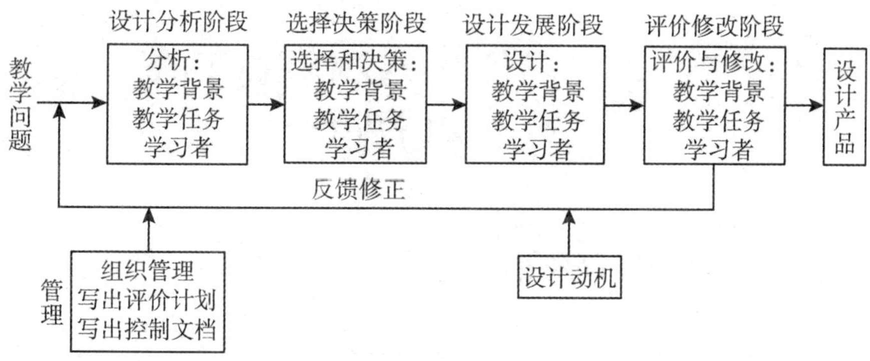

图 2-17

第三章 现代教育技术在教学环境中的运用

现代教育技术是教育改革的突破口，是当代教育的制高点，学校必须在教育教学过程中充分应用现代教育技术，将教育技术渗透到教学环境中，开展信息化教学，以对学生的创新潜力进行挖掘，培养学生的创新意识与能力，为社会培育高素质的全面型、创新型人才。本章主要就现代教育技术在教学环境中的应用进行研究，包括现代教育技术支持下的数字校园网络、多媒体教室、网络教学机房以及数字化微格教学。

第一节 现代教育技术支持下的数字校园网络

一、数字校园网络的概念

数字校园网络指的是利用网络媒介、通信媒体和管理服务的一个集成应用系统。[①] 在数字校园网络中，可将现代化手段充分利用起来，以全面支持学校教学、学校办公、学校管理、学校对外交流等，并通过与 Internet 的接入进行远程交流，实现资源共享，从而促进教学质量、科研水平的提高。

---

① 张春苏，王冬梅．现代教育技术基础[M]．北京：科学出版社，2016.

二、数字校园网络的结构

数字校园网络的结构如图 3-1 所示。图中显示，信息中心是数字化校园网络的中心，内网、外网是数字校园网络的两大组成部分。其中内网也就是校园 Internet，在学校的教学楼、办公楼、实验楼、图书馆、宿舍楼等区域都有网络覆盖，主要为学校教学、管理和科研服务。外网主要提供对外服务。

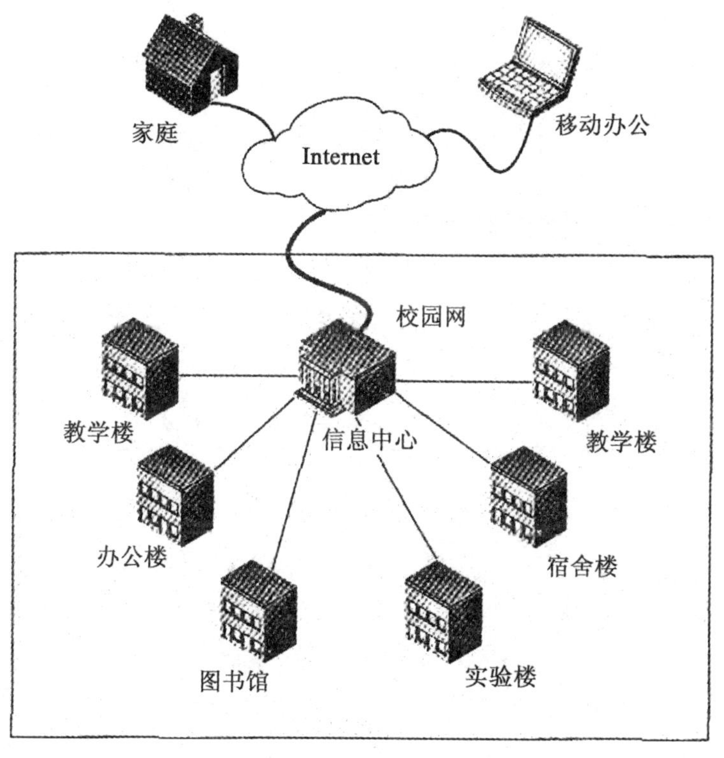

图 3-1

整个校园网以学校的网络信息中心为服务和管理中心，校园网内的信息交换、网络系统的正常运行以及校园网与广域网的信息交流由信息中心负责。中心交换机、网管机、服务器群组及边界路由器等设备是网络信息中心的基础配置。网络信息中心依托这些设备形成了拓扑结构，如图 3-2 所示。

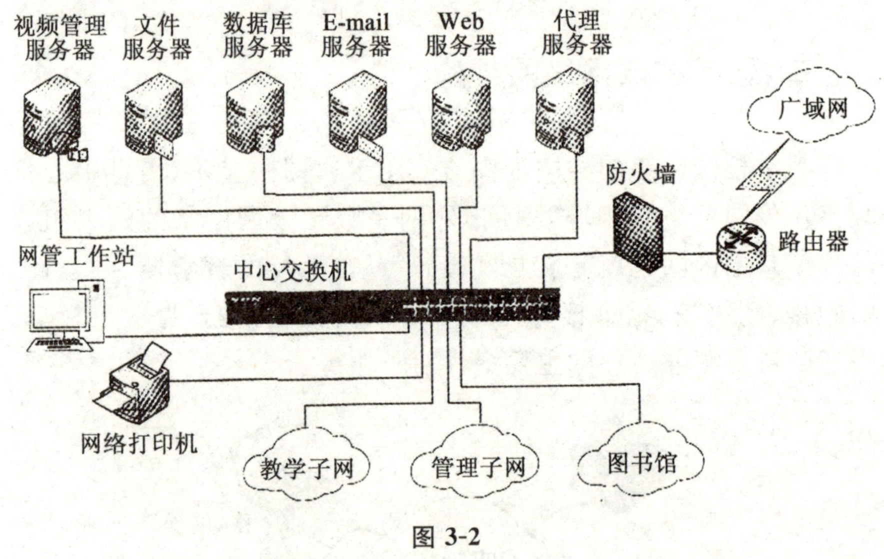

图 3-2

三、数字校园网络的应用

数字校园网络主要服务于学校教学、科研和信息交流，具体应用如下。

(一)信息发布

学校的对内校园网站主要供校内师生工作和学习使用，对外校园网站主要用于对外信息交流，将学校形象展示给社会。学校对会议通知、重大事件等的公布主要借助网站主页，学校的发展历史、院系和专业设置、招生就业信息等重要信息与资料也在校园网上有详细介绍。

(二)教学应用

校园网通常都建设了相应的网络教学平台，为学校各项网络教学活动的开展提供支持，如教师备课、上课、组织测试；学生选课、学习、参加考试等；教务人员对学校教学工作的数字化管理；远程教育的开展等。校园网的教学信息资源库有检索、下载等功能，为师生的教学与学习提供了极大的便利。

(三)管理应用

学校的分布式管理系统十分先进,系统模式较为复杂,体现为网络状、多通道,能对校园信息及时进行收集、统计、分析,实现数据库和软硬件资源的共享,促进学校办公效率和教务管理、人事管理、财务管理、后勤管理等管理效率的提升。

(四)数字图书馆

数字图书馆是以数字校园网络为基础的一个开放平台,该平台将丰富多彩的多媒体信息数字化,并组织与存取这些信息资源,从而为学校师生和学校图书管理提供便捷服务。

(五)科研应用

校园网络使各类计算机硬件资源、软件资源及学术信息资源被校内外用户共享,从而使科研成本降低,科研效率提升。师生可利用校园网络对科研资料进行查阅,与他人展开学术观点方面的探讨。

四、数字校园网络的建设

建设校园网主要是为了提高学校的教学水平、管理效率及为学校其他方面工作的开展提供便利。以校园网的教学应用为例,其核心是多媒体教室和多媒体辅助教学,在网络建设中应对多媒体信息的特点、如何有效控制并发信息、网络的安全性进行考虑,应保证网络应用和管理简便易行。下面对三种规模大小不同的校园网的建设进行简要描述。

(一)小型校园网建设

(1)一个多媒体教室:50 个多媒体用户。

(2)一个电子阅览室:24 个多媒体用户。

(3)60 个校园网普通/多媒体用户。

(4)互联网接入,安全的广域网访问。

小型校园网设备组成见表 3-1,建设方案的拓扑结构如图 3-3 所示。

表 3-1 小型校园网设备

中心交换机	1 台
接入交换机	5 台
接入控制器或路由器	1 台

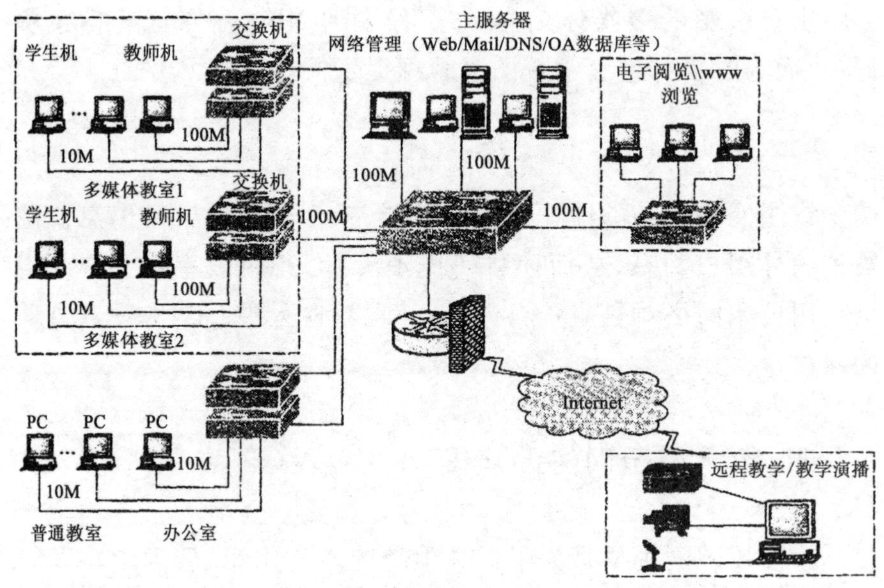

图 3-3

(二)中型校园网建设

(1)视频点播、广播系统:不限制用户数。

(2)2 个多媒体教室:100 个多媒体用户。

(3)1 个电子阅览室:24 个多媒体用户。

(4)80 个校园网普通/多媒体用户。

(5)16 个远程用户拨号访问校园网。

(6)互联网接入,安全的广域网访问。

中型校园网设备组成见表 3-2,建设方案的拓扑结构如图 3-4 所示。

表 3-2　中型校园网设备

中心交换机	2 台
接入交换机	6 台
接入控制器或路由器	1 台
视频应用系统	1 套

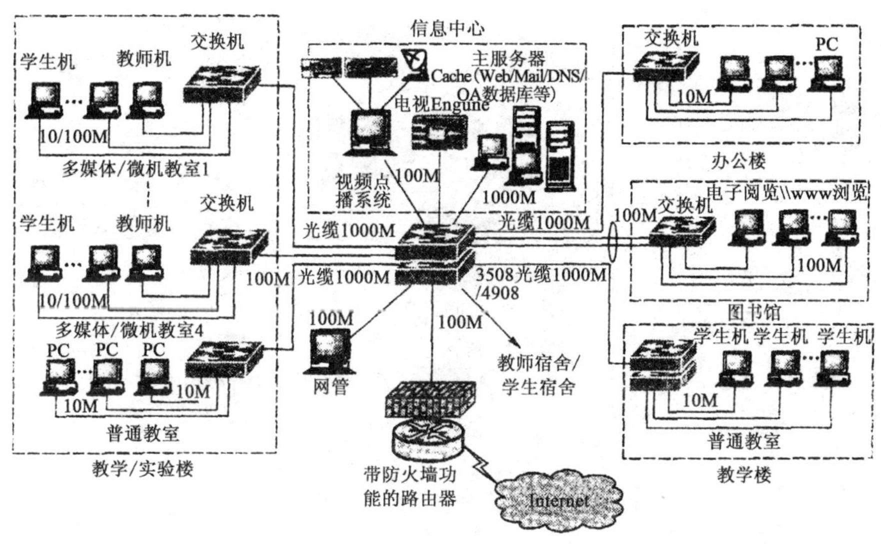

图 3-4

(三)大型校园网建设

(1)视频点播、广播系统:不限制用户数。

(2)2 个多媒体教室:100 个多媒体用户。

(3)1 个电子阅览室:24 个多媒体用户。

(4)120 个校园网普通/多媒体用户。

(5)16 个远程用户拨号访问校园网。

(6)高速互联网接入,安全的广域网访问。

大型校园网设备组成见表 3-3，建设方案的拓扑结构如图 3-5 所示。

表 3-3　大型校园网设备

三层中心交换机	1 台
接入交换机	8 台
接入控制器或路由器	1 台
视频应用系统	1 套
防火墙	1 台

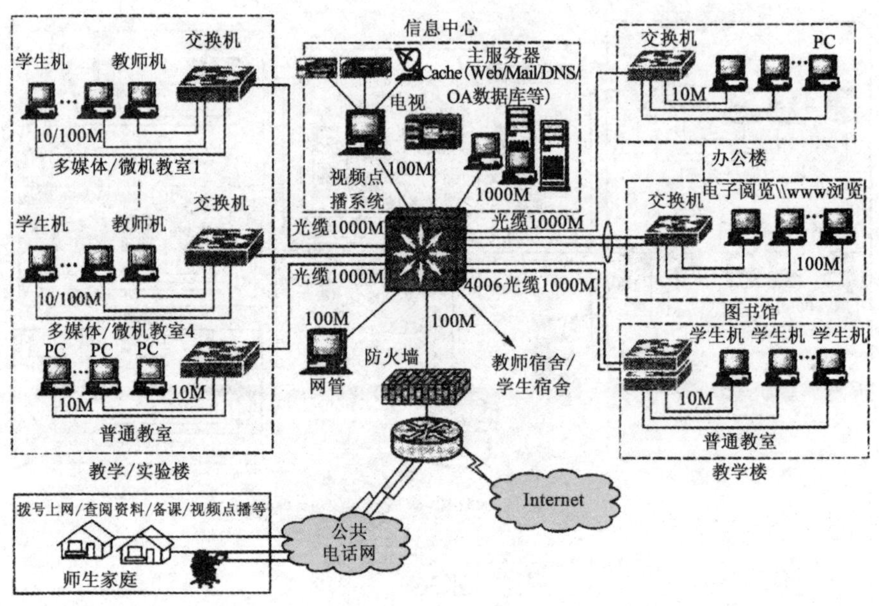

图 3-5

第二节　现代教育技术支持下的多媒体教室

一、多媒体教室的概念

多媒体教室是以教育教学的需要为依据，通过整合多种现代教学媒体如多媒体计算机、录音、录像、投影等而建立的一个综合教学系统。[①] 教师通过多媒体教室系统，能够将多媒体教学手段利用起来进行信息化教学，教学更方便、灵活，教学形式与学生的认知、理解和记忆特点更符合，有助于促进教学效果和效率的提高。

二、多媒体教室的结构

多媒体教室系统的结构如图 3-6 所示。利用多媒体手段向中央控制系统传输不同类型的教学资源，各种信号键的切换主要通过中央控制系统操作面板来完成，从而对各种音频、视频设备的播放进行控制。教师对各种教学资源的调用可通过多功能控制系统完成。

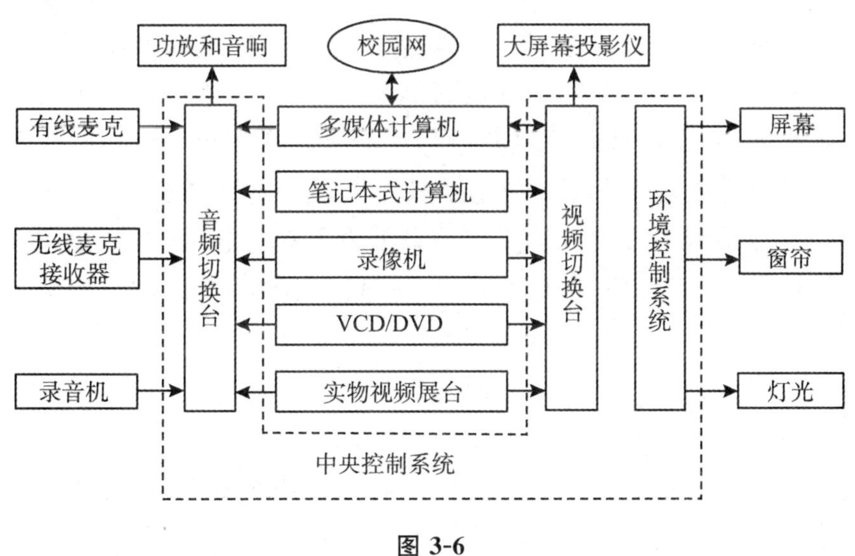

图 3-6

(一)中央控制系统

在多媒体教室中，中央控制系统是核心组成部分，指的是集中对声、光、电等设备进行控制的系统，其通过系统集成，将

① 李兆君．现代教育技术[M]. 北京：高等教育出版社，2010.

整个多媒体演示教室的设备操作集成在一个平台，在该平台上可完成所有设备的操作。整个多媒体教室中的全部媒体设备都由中央控制系统集中管理控制。用户可通过计算机和中央控制系统，用计算机显示器、按钮式控制面板、无线遥控和触摸屏等设备对展台、投影仪、录像机、影碟机等设备进行控制。影音互传、资源共享和相互监控都可以在中央控制系统中实现。

利用智能化的计算机软件界面、按键式面板都可以操作控制多媒体教室的各种设备。一个操作界面上集中了多种设备的操作，并有简单的菜单说明，这能够为用户提供方便，只要在一个界面上就能操作控制各种教学设备。

（二）计算机信息处理系统

计算机信息处理系统主要包括多媒体计算机和网络传输设施。作为教学媒体和网络连接设备枢纽的多媒体计算机大都处于工作状态，所以选配的机器应尽可能满足内存大、运行快、工作稳定可靠等要求，而且为避免因操作失误而造成故障，还应考虑对还原保护卡的安装。计算机信息处理系统与校园网、闭路电视网络连接，以实现资源共享，为教师对网络教学资源的自由调动提供便利。

（三）视频图像处理系统

电子投影仪是视频图像处理系统的核心组成部分，此外还有影碟机、录像机、电动屏幕和视频展台等视频图像处理设备，利用视频图像处理设备可提供多种视频信号。在多功能教室中，电子投影仪的单价最高。

常见的投影仪及其优缺点见表 3-4。

表 3-4　常见的投影仪类型

投影仪类型	优点	缺点
LCD	(1)能较好还原色彩 (2)有较高分辨率 (3)体积小 (4)价格低	散热条件要求高
CRT	(1)图像色彩丰富 (2)还原性好 (3)能有效调整几何失真	(1)体积大 (2)亮度低 (3)操作复杂 (4)要求有良好的安装环境 (5)价格高
DLP	(1)色彩锐利 (2)图像灰度等级高 (3)工作时间长 (4)不要求有很好的散热条件 (5)体积小	色彩单一

选用投影仪时，有以下几点需要重点考虑。

(1)输入信号源：有多路视频，计算机接口在两个以上。

(2)分辨率：分辨率高。

(3)亮度：根据教室面积而定。

(4)安装方式：一般选择吊顶形式。

(四)音响处理系统

音响处理系统包括录音机、音箱和功放等设备。为满足多媒体教学的需要，多媒体教室的音响处理系统应满足以下要求。

(1)频响宽。

(2)有话筒混响功能。

(3)保真度高。

(4)工作功率与教室面积相匹配。

三、多媒体教室的类型

(一)简易型多媒体教室

简易型多媒体教室的基本配置有多媒体计算机、录像机、视频展示台、液晶投影机、影碟机以及银幕等。各个设备相互独立,使用起来较为麻烦。

简易型多媒体教室结构如图 3-7 所示。

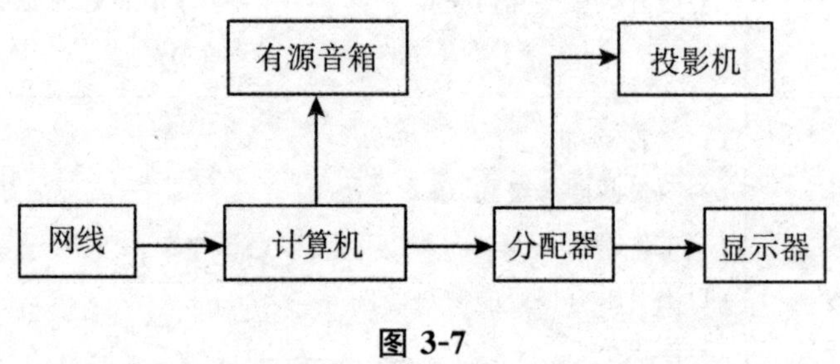

图 3-7

(二)标准型多媒体教室

标准型多媒体教室是结合多媒体计算机技术与常规电教媒体而建设的,配置的辅助设备有音响系统、控制银幕以及照明设备等。这类多媒体教室的功能如下。

(1)播放多种媒体信息。

(2)采用实物展示台在大屏幕上显示图片。

(3)可与校园计算机网、校园有线电视网等多种信息网相连。

标准型多媒体教室的结构如图 3-8 所示。

(三)学科专业型多媒体教室

这类多媒体教室主要供某一学科专用,所以其配置的设备除包含简易型或标准型多媒体教室配置的设备外,还有一些为满足学科专业教学需要而添置的设备。

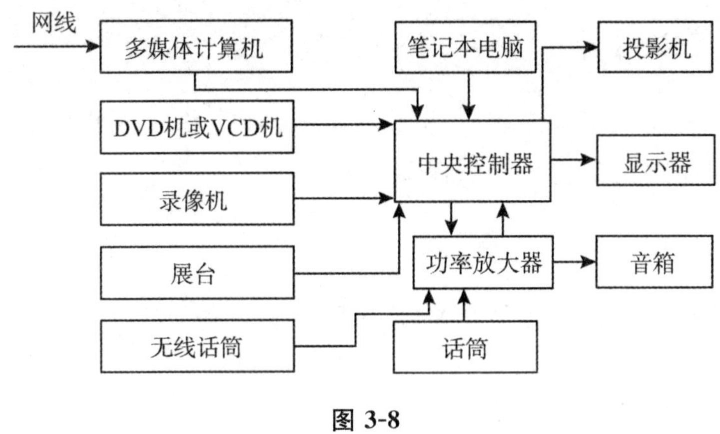

图 3-8

四、多媒体教室的教学功能

多功能教室的教学功能如下。

(1)与校园网络连接,为网络联机教学和教师对丰富网络资源的调用提供方便。

(2)与闭路电视系统连接,使电视媒体的作用充分发挥到教学中。

(3)对实物、文字、图片、模型等教学资料的形象展示。

(4)对视频教学节目的播放。

(5)采用多媒体辅助教学手段,将多媒体教学课件演示给学生。

(6)使各种声音信号从先进的音响系统中播放出来。

(7)使计算机信息、视频信号显示在大屏幕投影仪上。

五、多媒体教室的管理

(一)日常管理

1. 完善管理制度

建立《设备使用记录》《设备状况及维修记录》等详细的、行之有效的规章制度,并不断完善这些制度,为多媒体教室设备的安全提供保障。

2. 专人管理

专人集中管理多媒体教室，保证设备工作状态良好，进而为教学秩序的正常进行提供保障。

（二）设备维护

设备维护主要是为了将隐患排除，使设备正常工作，充分发挥作用，促进使用寿命的延长。需要维护的设备主要有以下几种。

（1）计算机操作系统。

（2）操作频繁、容易出问题的设备，如多媒体设备、电源插座、开关、按键等。

（3）话筒电池、视频展示台灯管等消耗材料。

在多媒体教室管理中，需做好以下工作，以提高管理效果。

（1）管理者与教师多沟通，征询意见，及时改进管理中的问题。

（2）通过在多功能教室听课来发现问题，及时处理问题。

（3）培训教师的多媒体维护常识，使其对常见问题敏感并能有效解决。

第三节　现代教育技术支持下的网络教学机房

一、网络教学机房的概念与结构

网络教学机房也称“网络教室”，是集普通的计算机机房、语音室、视听室、多媒体演示室等功能于一体，利用网络和多媒体技术将多台计算机及相关网络设备互联而成的小型教学网络。[①]

网络教学机房的结构如图 3-9 所示。

① 孙方，周本东，朱永海．现代教育技术[M]．北京：科学出版社，2012.

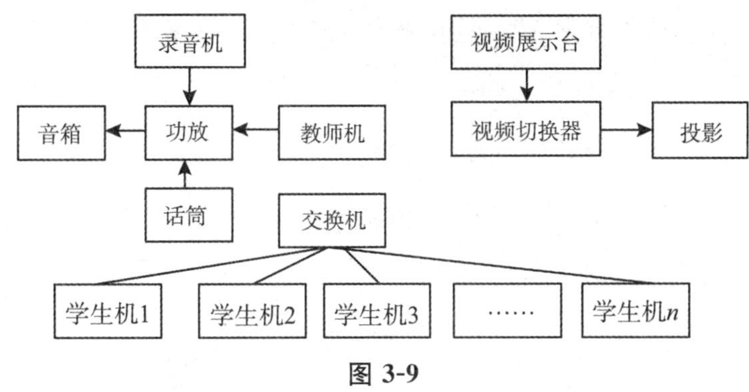

图 3-9

二、网络教学机房的类型

网络教学机房主要有以下几种类型。

(一)普通型网络机房

在普通机房安装一台投影机、一台多媒体教师机和一个大银幕就是普通型网络机房，其具有结构简单、投资少的特点。结构如图 3-10 所示。

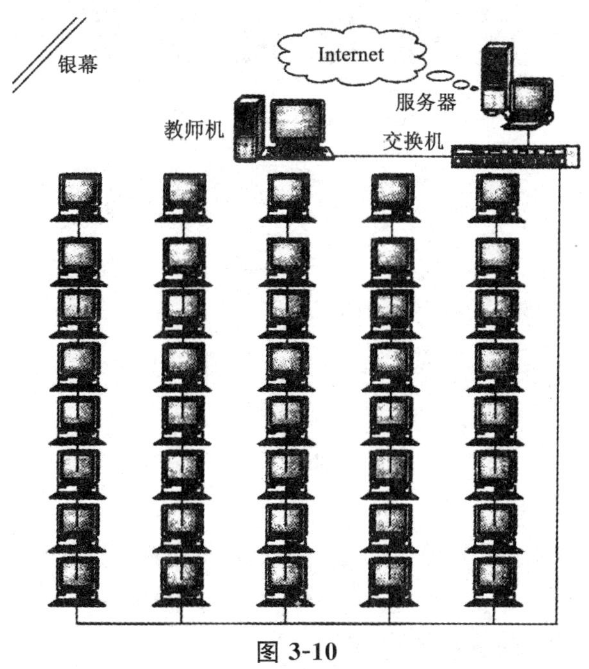

图 3-10

教师进行课堂讲授、演示或学生在一定情境下自主学习时可利用这种网络教室。

（二）U 字型网络机房

与普通机房布局不同，分布特点为两侧的学生机靠墙，中间的学生机背对，如图 3-11 所示。

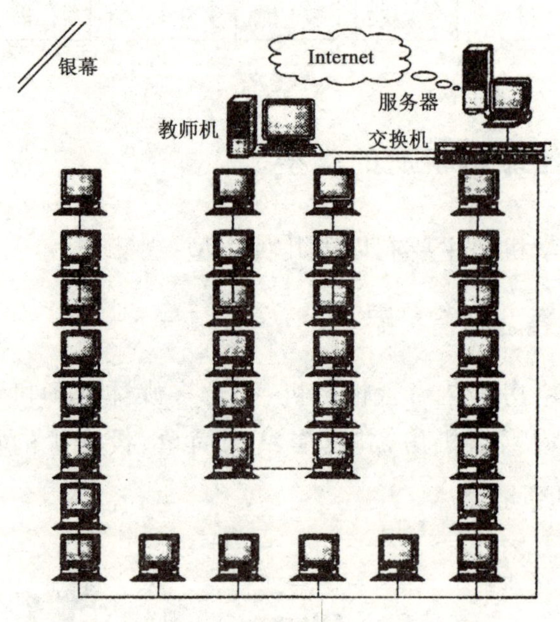

图 3-11

这类网络机房过道宽敞，师生交流方便，能够有效辅导个别学生。

（三）小组协作型网络机房

这类网络机房的特点是学生机呈环状布局，便于学生小组进行协作学习，如图 3-12 所示。

（四）综合型网络机房

综合型网络机房综合了上述几类机房的优势，既支持教师课堂讲授和演示，又支持学生自学，还能为小组协作学习提供方便。综合型网络机房如图 3-13 所示。

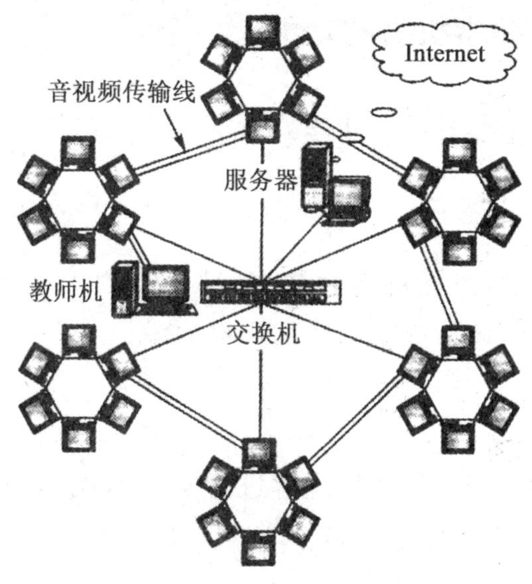

图 3-12

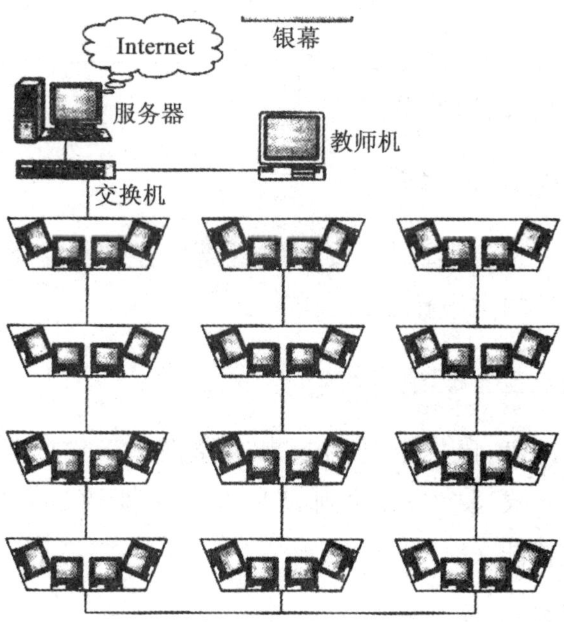

图 3-13

三、网络教学机房的功能

网络机房主要有以下功能。

（一）教学功能

将多媒体课件、教师音视频、外部音视频等多种信息利用起来对学生进行集体性或个别性的广播教学。

（二）监视功能

教师可对学生的计算机屏幕进行实时监视，观察学生如何操作计算机。可多画面监视多个学生，也可以单一循环监视每个学生。

（三）示范功能

教师可通过广播的形式将选定学生的屏幕、声音传递给学生，主要起到示范的效果。

（四）文件传输功能

教师可以将教学课件、资料发送给学生供学生自学；学生可在线提交自己的学习作品。

（五）交互控制功能

教师将键盘、鼠标等利用起来遥控操作选定的学生；学生也可按同样的方式遥控操作老师或同学。主要通过开关来设定遥控过程的控制和交互。

（六）远程管理功能

教师可以对学生计算机的桌面设置进行远程修改，如屏幕尺寸、声卡音量等。

(七)学生控制功能

教师可以控制操作学生机,如锁键、重启、黑屏等。

(八)快速抢答功能

教师将快速抢答功能开启后,学生按键抢答,最后会显示出按键最快的学生。

(九)电子举手功能

学生按功能键来完成电子举手,然后提出自己的问题。

(十)自动辅导功能

教师按照学生的举手顺序一一辅导学生。

(十一)媒体控制功能

可在控制界面或控制台直接控制媒体设备,如 VCD/DVD 等。

(十二)分组讨论功能

教师划分学生小组,小组成员间进行讨论,教师可参与任一小组的讨论。

(十三)网络联机考试功能

统一发卷、收卷,自动阅卷。

四、网络教学机房的应用

很多教学任务都可以利用网络教学机房来完成,常见的几种应用形式如下。

(一)电子备课

教师在网络机房备课可以解决电子课件制作中资料不足、文件较大、不易移动等常见问题。网络机房有包含大量资源的资源库,教师可在课上灵活调用资源。资源库的资源可以被共享,如学校在服务器中存入购买的教学资源,教师可共同享用。

(二)课堂教学

网络机房可有机整合多媒体教学信息,为多媒体课堂教学提供方便。在课堂教学过程中,通过多媒体形式(文本、动画、声音、视频等)对教学信息进行传播,调动学生的积极性。也可在课堂上引入其他直播课堂或教学资源。教师还能利用多媒体课堂教学针对个别学生进行辅导。

(三)学生自学

网络机房和电子阅览室有相似之处,学生能够利用网络机房的学习资源独立完成学习,这个学习环境对学生来说更开放,更自由,学生可以利用共享资源来学习更多新知识。

(四)网络测试

教师可通过网络机房组织网络考试,实时了解学生的答题情况,然后利用相应功能来自动阅卷,向学生及时反馈测试成绩,帮助学生分析与处理回答错误的问题,从而使教学效率大大提高。

第四节　现代教育技术支持下的数字化微格教学

一、微格教学的概念

微格教学是利用现代教学技术手段来对教师的教学技能进行培训的一种教学方法。一般将微格教学定义为一个有目的、有控制的实践系统,它能使师范生和教师集中解决某一特定的教学行为，或在有控制的条件下进行学习。它是建立在教育教学理论、视听理论和教学技术基础上，系统训练教师教学技能的方法。

二、微格教室的构成

微格教室的组成包括主控室、微型教室以及示范观摩室三个部分，如图 3-14 所示。

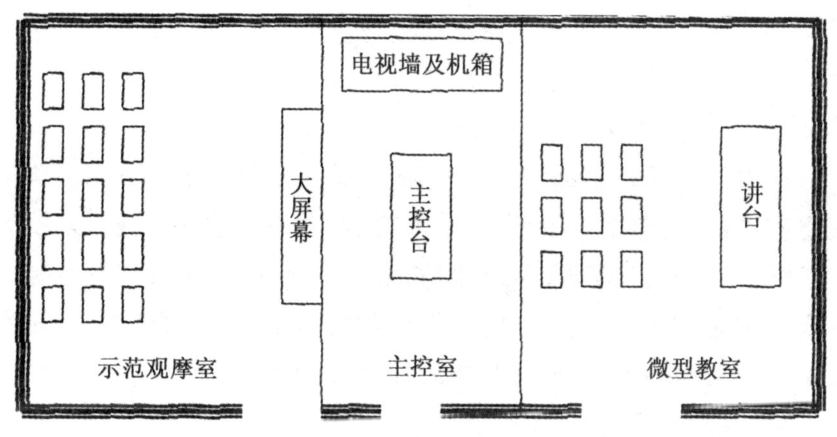

图 3-14

（一）主控室

主控室包括主控计算机、视音频处理器、硬盘录像机、同步监视电视墙、视频服务器、云台控制器、稳压电源等设备。

微格教室中的摄像云台和镜头由主控室控制，在主控室可以对微格教室的图像和声音进行监视和监听；可以录制教学实况以便于课后讲评；可以随时与微型教室进行通话；可以操控多个微型教室的视频录制。

（二）微型教室

微型教室一般包括摄像机、功放、云台、计算机、拾音器、投影仪等设备。可以在微型教室呼叫主控室，取得联系；可以自我控制本教室的录播系统；可以设定录播时间和录播镜头；可以任意选择图像输出到主控室的路径。

(三)示范观摩室

示范观摩室内装有大型显示设备,通过网络接收其他微型教室的实时教学网络直播,即可实时同步播放教学实习的实况,实现多方位、多角度的教学观摩。

三、微格教学的组织与实施

(一)理论学习和研究

在微格教学的发展过程中,融入了许多新的教育观念、教育思想和方法,如教育目标分类学理论、师生相互作用分析理论等。微格教学是一种全新的实践活动,学习和研究新的教学理论十分必要。理论学习和研究包括微格教学的概念、微格教学的目的和作用、学科教学论、各项教学技能理论等内容。

(二)教学技能的深入分析

微格教学的研究方法就是将复杂的教学过程细分为单一的技能,再逐项培训。导师可以根据培训对象的不同层次和需要,有针对性地选定几项技能。对于师范生和教龄短的青年教师,经过微格教学实践可以及早掌握教态、语言、板书等方面的基本技能;对于有一定教学经验的教师来说,可通过微格教学实践深入探讨较深层次的技能,有利于总结经验、互相交流、提高教学能力,从而提高整体素质。在技能分析和示范阶段,导师要做启发性报告,分析各项技能,同时给学员观看事先编制好的示范录像。

(三)适当组织示范和观摩

在提高各项教学技能时,可以提供相关的课堂教学片段,组织学生进行示范观摩。观看录像后引导小组成员讨论分析,取得共识。这样,学员不仅获得了理论知识,也有了初步的感知。

(四)进行角色扮演的训练

角色扮演是微格教学的中心环节,是受训者训练教学技能的具体教学实践活动,在活动中每个受训者都要扮演一个角色,进行模拟教学。角色扮演要求扮演“教师”者要真实,按照自己的备课计划,在有控制的条件下训练教学技能。扮演“学生”者要充分表现学生的特点,自觉进入特定情境。

四、微格教学教案的设计

受训者明确训练目标、熟悉教学内容后,可以设计微格教学教案,参考表3-5。

表3-5　微格教学教案设计表

<table>
<tr><td>学校</td><td colspan="2"></td><td>班级</td><td></td><td>教师扮演者</td><td></td></tr>
<tr><td>科目</td><td></td><td colspan="2">教学内容</td><td colspan="3"></td></tr>
<tr><td>技能训练目标</td><td colspan="6"></td></tr>
<tr><td>时间分配</td><td colspan="2">采用的教学技能</td><td colspan="2">需要准备的教学媒体</td><td>教师教学行为</td><td>学生学习行为</td></tr>
<tr><td></td><td colspan="2"></td><td colspan="2"></td><td></td><td></td></tr>
</table>

第四章 现代教育技术在教学资源中的运用

随着信息化教育水平的不断提高，数字化教学资源在推动教育教学改革、构建新型教学模式方面发挥着越来越重要的作用。教师专业发展也要求教师具备有效利用数字化资源的能力，对数字化教学资源的应用与管理能够促进教育教学的优化和师生的共同发展。本章主要就现代教育技术在教学资源中的应用展开研究，主要内容包括数字化教学资源的内涵、开发、利用与管理；数字图形图像资源、音频资源、视频资源的获取与编辑以及多媒体课件的设计与制作。

第一节 数字化教学资源的内涵

一、教学资源的内涵

教学资源是指各种各样的媒体环境与一切可用于教育教学的物质条件、自然条件以及社会条件的总和。具体来说，教学资源包括教学资料、支持系统、教学环境等组成部分。①

二、数字化教学资源的内涵

数字化教学资源主要是指蕴含了大量的教育信息，能创造出

① 孙方，周本东，朱永海．现代教育技术[M]．北京：科学出版社，2012.

一定的教育价值，以数字信号的形式在互联网上进行传输的信息资源。[①] 这些资源的要素可以被单独使用，也可以组合起来使用。这些资源可以促进学习者的学习不断进步。

第二节　数字化教学资源的开发、利用与管理

一、数字化教学资源开发的原则

（一）目的性原则

向学习者传授文化科学知识，发展学习者的能力，培养学习者的思想品德，促进素质教育的全面发展，这是开发教学资源的目的，也是教学资源的本质属性。为保证教学资源的目的性，应注意以下几点。

（1）科学选题，明确教学对象和目标。

（2）教学内容选材适当，逻辑层次清楚，突出重点，突破难点。

（3）教学内容符合学习者的认知水平和特点，遵循学习者的认知规律。

（4）教学策略合理，有助于支持多种学习模式（如自主学习、协作学习、探究式学习等）。

（二）科学性原则

科学性原则是指所开发的教学资源能正确反映学科基础知识和现代科学技术的发展水平，并能用科学的方式表现出来，主要体现在以下几个方面。

---

① 何克抗，李文光．教育技术学（第二版）[M]．北京：北京师范大学出版社，2009.

(1)选用恰当的、具有典型性和真实性的教学资源素材。

(2)内容科学、表述准确、术语规范。

(3)内容呈现的结构符合学习认知规律,表现方式简捷合理。

(4)操作准确无误、规范。

(三)技术性原则

教学资源的技术性原则主要是指运用合理的技术实现必要的交互,保障素材指标达标、程序安全稳定。贯彻技术性原则要求做到以下几点。

(1)媒体选用恰当,设计必要的交互。

(2)教学资源图像清晰,音视频清楚,色彩逼真,技术指标可衡量。

(3)使用设备、器材符合相关技术要求,开发软件性能稳定,教学资源运行稳定。

(4)教学资源开发的操作过程科学规范。开发出的教学资源操作便捷。

(四)艺术性原则

设计开发的教学资源要有丰富的表现力和艺术感染力,能激发学习者的学习动机和情感,提高学习兴趣和审美能力。贯彻艺术性原则要求做到以下几点。

(1)构图合理,色彩协调,风格统一,符合审美要求。

(2)语言简洁、生动,文字清晰,版式规范。

(3)视像、动画形象生动,声画同步,感染力强。

(五)创新性原则

教学资源的创新性表现在立意新颖、构思独特、设计巧妙,具有想象力和个性表现力,运用新技术并使用得当。

二、数字化教学资源的利用

数字化教学资源主要应用于以下几个方面。

(一)课堂演示

一般来说是为了解决某一学科的教学重点与教学难点而开发的,它注重对学生的启发、提示,反映问题解决的全过程,主要用于课堂演示教学。

(二)模拟实验

借助计算机仿真技术,提供可更改参数的指标项,当学生输入不同的参数时,能随时显示模拟对象的状态和特征,供学生进行模拟实验或探究发现学习使用。

(三)网络课程

融学习的课程资料、教学活动和支持环境于一体的信息化教学资源。

(四)训练复习

主要通过问题的形式用于训练、强化学生某方面的知识和能力。这种类型的教学软件在设计时要保证具有一定比例的知识覆盖率,以便学生全面进行复习和考核其能力水平。

(五)教学游戏

基于学科知识内容,寓教于乐,通过游戏的形式使学生掌握学科知识和能力,并激发学生的学习兴趣。

(六)个别化学习

知识结构完整,能反映一定的教学过程和教学策略,提供相应的形成性练习供学生进行学习评价,并设计有好的界面让学习者进行人机交互活动。

(七)资料与工具

各种电子工具书、电子字典以及各类图形库、动画库、声音库等。这类教学软件只提供某种教学功能或某类教学资料，并不反映具体的教学过程，可供学生在课外进行资料查阅，也可选定有关片段，配合教师讲解，作为辅助教学手段应用于课堂上。

三、数字化教学资源的管理形式

数字化教学资源的管理形式主要包括资源的索引编制、发布、修订、删除、传输、审核和检索等。数字化教学资源按照学科组织建设与使用，但按照物理属性来分类管理，资源管理系统应具备以下功能。

(1)查、录、删、改各种数字化教学资源的功能。

(2)支持单键查询功能。

(3)能随机输入单个资料和批量输入大量资料。

(4)导航及检索预览功能良好。

(5)相关素材的显示功能。

(6)评论输入及显示功能。

(7)多媒体素材应集成多媒体音频影像查询技术。

(8)支持多文件压缩下载功能。

(9)素材的远程提交功能。

(10)基于标准互换格式的资源导入/导出功能。

(11)提供内容传输管理。支持多媒体上传和下载功能；保证多媒体传输的安全性、稳定性和保密性。

(12)提供与第三方应用程序的接口。

第三节　数字图形图像资源的获取与编辑

图形图像是教学信息中最常见的一种信息表达形式，可以将教学信息直观、形象、生动地表达出来。在计算机中，图形图像是以数字方式记录、处理和保存的。所以，图像也可以说是数字化图像。在绘图与图像处理的过程中，往往需要交叉运用矢量图像和位图图像这两种类型的图像，取长补短，使处理的作品更完美。

一、数字图像的获取

（一）购买图像库光盘

可以在市场选购数字化的图形、图像库，它们存储在 CD-ROM 光盘上，用户可以根据需要选择购买。

（二）扫描仪扫描

用扫描仪可将模拟图像（照片、图片、美术作品等）扫描到计算机中，变成通用的数字图像。

（三）利用绘图软件

用 Windows 的 PaintBrush（画笔）、Painter、Photoshop 等都可以绘制各种图形，也可以加工处理图像。利用 Office、WPS 中提供的绘图工具也可以生成一些 CAI 制作中需要的图形。

（四）网上下载

从网上下载图片的操作方法如下。

（1）将光标放在网页中要保存的图片上。

（2）右击，在打开的快捷菜单中选择“图片另存为”命令，打开“保存图片”对话框。

（3）在“保存类型”列表框中选择文件类型，在“保存在”框中确定保存文件位置。

（4）在“文件名”框中输入保存文件名称，单击“保存”按钮。

（五）截取屏幕图像

利用一些软件截取屏幕上的图像画面，再以文件的形式保存下来。Windows 操作系统有屏幕抓图的功能，在一般情况下直接按 PrintScreen 键，Windows 将整个屏幕上的内容捕捉到剪贴板中；若同时按下 Alt＋PrintScreen 组合键，可将当前活动窗口的内容捕捉到剪贴板中。要保存复制剪贴板中的图像，先打开一个图形图像处理软件，然后选择“编辑”菜单下的“粘贴”命令粘贴剪贴板中的图像。再把它保存成图像文件。

此外，用 HyperSnap-DX、Capture Profession、PrintKey、SnagIt 等专门的屏幕抓图软件可以捕捉屏幕上的任何内容。

（六）用数码相机拍摄

数码相机集成了影像信息的转换、存储和传输等多种部件，具有实时拍摄、数字化存储模式和与计算机交互处理等特点，可以把看到的现象、景物转化为数字信号，直接输入计算机中。

（七）用电视机、摄像机捕获

电视机和摄像机通过视频采集卡与计算机相连，视频采集卡可以将模拟信号转换成计算机能接收的数字信号，视频图像以一定的文件格式存储，供进一步使用。

（八）视频帧捕获

利用超级解霸等软件可以将视频图像进行单帧捕获，以静止图像形式保存起来。

二、数字图像的编辑处理

在使用从各方面获取的图像前需要进行编辑处理，以满足需要。数字图像的编辑处理包括以下几个方面。

（一）图像调整

调整图像的尺寸、亮度、色相、色彩平衡、对比度、色彩模式等。

(二)图像裁减

选择图像中需要的区域进行裁减。

(三)图像修描

擦除缺陷或修改细节,使图像更美观。

(四)图像合成

合并几幅图像中需要的部分,并进行必要的加工处理,使之符合教学要求。

(五)艺术处理

使用 Photoshop、CorelDRAW 、Adobe Illustrator、Macromedia Freehand 等图像处理软件提供的各种工具改变图像效果,如添加画框、改变色彩、删除红眼等,也可以利用软件提供的各种滤镜实现不同的艺术效果。

第四节　数字音频资源的获取与编辑

音频是一个非常重要的信息传播途径,在教学信息传播过程中占有重要地位。人们在教育教学以及语言、音乐的学习中应用声音的记录、修饰、放大、存储等技术,使教育信息的传播打破了时空的界限。

扬声器、传声器、耳麦、音箱、扩音机、CD、录音机、MP3 等设备和器件都与音频相关。

一、声音素材的获取

(一)购买声音素材库

市场上出售的声音素材库包含大量的音乐和效果声,这种获取声音素材的方法最直接、最方便。

(二)现有音频格式转化

采用软件使各种声音文件进行格式的转换,如《超级解霸3000》中的“实用工具集”里面的“音频工具”就是十分简单的音频格式转换工具。

(三)网上下载

随着互联网技术的飞速发展,网上信息也日益丰富,可以在网上直接下载一些音乐文件和效果声音。在提供了下载链接的情况下,可以直接单击音频下载链接下载音频资源。在未提供下载链接的情况下,通常使用迅雷、FlashGet 等专门的下载软件下载音频资源。

(四)自行录音

制作 CAI 课件时,用计算机录音是获取声音素材最常用的方法,它只需用户准备话筒和音频线。自行录音的步骤包括设备连接、设置录音属性、选定录音的通道、录音及保存。

二、声音文件的编辑

获取声音素材后,应根据需要进行编辑。有很多声音编辑软件,利用 Windows 操作系统提供的“录音机”程序可以简单编辑声音文件,方法如下。

(一)删除声音文件的部分内容

(1)进入“录音机”程序窗口。

(2)依次选择“文件”“打开”命令,打开要编辑的声音文件。

(3)将鼠标放在滑块上,移动滑动按钮到要删除的位置。

(4)打开“编辑”菜单,选择“删除当前位置之前的内容”或“删除当前位置之后的内容”选项。

（二）插入声音

（1）进入“录音机”程序窗口，打开要进行插入操作的第一个声音文件。

（2）将滑块移到要插入另外一个声音的位置。

（3）依次选择“编辑”“插入文件”命令，打开“插入文件”对话框。

（4）选择要插入的声音文件，单击“打开”按钮，完成保存文件。

（三）声音文件格式转换

（1）进入“录音机”程序窗口。

（2）依次选择“文件”“打开”命令。

（3）在出现的对话框中选择要进行格式转换的声音文件。

（4）依次选择“文件”“属性”命令，出现对话框。

（5）在“选择位置”列表框中选择转换后的文件类型，单击“立即转换”按钮，出现“选择声音”对话框。

（6）在“名称”下拉列表框中选定转换后的声音格式，单击“确定”按钮后进行转换，转换完后单击“确定”按钮，回到“录音机”程序窗口。

（7）依次选择“文件”“另存为”命令，输入文件名，将其保存下来。

（四）给解说加背景音乐

（1）进入“录音机”程序窗口，打开背景音乐的声音文件。

（2）移动滑动按钮到要混入另一个解说声音文件的位置。

（3）依次选择“编辑”“与文件混合”命令，选定解说声音文件。

（4）单击“打开”按钮，完成保存文件。

(五)增强声音效果

在“录音机”程序窗口的“效果”菜单中可以根据需要选择相应的命令来改善声音效果。

1. 更改放音速度

在“效果”菜单中选择“加速”或“减速”选项,可以改变声音的播放速度。

2. 更改声音音量

在“效果”菜单中选择“提高音量”或“降低音量”选项,可以改变声音的播放音量。

3. 添加回音

在“效果”菜单中选择“添加回音”选项,可以改善声音效果。

4. 反向

在“效果”菜单中选择“反向”选项,可以颠倒播放顺序。

第五节　数字视频资源的获取与编辑

通常把快速连续地随着时间变化的一组图像称为视频。视频是由一系列图像组成的,与静止图像不同,视频是活动的图像。视频主要是利用人眼视觉暂留的生理现象和心理作用,在一秒钟内快速播放一幅幅静止图像,从而在人的视觉神经中形成活动的画面。①

① 孙方,周本东,朱永海. 现代教育技术[M]. 北京:科学出版社,2012.

一、数字视频资源的获取

(一)利用视频播放软件截取 VCD、DVD 视频素材

现在很多视频播放软件都具有视频截取功能,通过这些播放软件可以方便截取需要的视频片段。

(二)网上获取

目前,网络上有各种视频资源,可以借助迅雷、BT、eMule、快播等各种下载软件来下载。可以使用 FLV 视频下载软件从在线视频网站(土豆、优酷、爱奇艺、腾讯等)上下载 FLV 格式视频。

(三)自己录制

大量的原始视频素材都来源于真实世界中,需要用摄像机拍摄下来并进行存储,然后根据教学需要进行加工处理,获得自己需要的视频。

录制屏幕是一种特殊的视频获取方法,现在随着网络在教学中的应用普及,很多教师需要将一些教学材料放到网上,如果进行课堂录制一般需要其他人员辅助,需要进行后期的采集与编辑,非常不方便。如果只放上 PPT 讲稿内容,则缺乏教师讲解内容,屏幕录制可以解决这个问题,教师可以在计算机上完成内容讲解,将教学内容录制成视频,再上传到视频分享网站,为学习者学习提供方便。

二、数字视频资源的编辑——以 Ulead Video Studio 的视频编辑为例

Ulead Video Studio 的视频编辑工作流程如下。

(一)捕获

可以直接将视频录制到计算机的硬盘上。

(二)编辑

在此可以整理、编辑和修整视频素材,还可以将视频滤镜应用到视频素材上。

(三)效果

可以在项目的视频素材之间添加转场。

(四)覆叠

在一个素材上叠加另一个素材,创建画中画效果。

(五)标题

可以创建动态的文字标题或从素材库的各种预设值中选择。

(六)音频

可以从一个或多个连接在计算机上的 CD—ROM 驱动器中选择和录制音乐文件。在此步骤中,你还可以为视频配音。

(七)分享

创建用于在网络上分享的视频文件或将影片输出到磁带、DVD 或 CD 上。

第六节　多媒体课件的设计与制作

多媒体课件是一种在一定的理论指导下,根据教学目标设计的,表现特定教学内容、反映一定教学策略的计算机教学软件。[①]它可以用来帮助教师对多媒体教学信息进行存储、传递和处理,

① 姜忠元. 现代教育技术[M]. 北京:清华大学出版社,2018.

提高教学质量和效率，也可以用来帮助学习者进行交互操作、开展自主学习和评价，促进学习者参与度和学习能力的提升。

一、多媒体课件设计的基本原则

(一)科学性原则

教育教学既向学生传授科学知识，更注重培养学生。传授科学知识的每个过程都体现了科学方法的重要性。在多媒体课件的设计中，应根据不同学科的具体情况，准确阐述科学知识，始终渗透科学方法。科学性原则要求在多媒体课件制作中做到以下几点。

1. 知识的科学性

知识的科学性要求课件设计做到体系严谨，按教学内容的逻辑顺序进行合理编排；内容规范，表达准确，形式新颖，寓意简明扼要，文字应通俗易懂。

2. 方法的科学性

在多媒体课件设计中，要充分运用丰富多彩的科学方法，如模拟与仿真的方法、比较与分类的方法、分析与综合的方法、归纳与演绎的方法、演示与实验的方法等。

3. 其他方面的科学性

(1)选取具有典型性、代表性且真实、具体的材料、资料。
(2)图形图像、动画、特技的设计要规范标准，符合科学原理。
(3)准确无误、真实、自然地演示各种技巧、技能。
(4)色彩、视觉效果和造型能客观反映科学知识。

(二)教育性原则

依据教学标准、教学目的与要求设计多媒体辅助教学课件，在表达教学内容方面要充分发挥多媒体图文并茂、形声并举的优势，最后用多媒体计算机实现交互性的运行来实施教学。多媒体课件应能有效培养学生获取知识的能力，培养学生的个性与品德，促进学生健康和全面发展。多媒体课件设计的教育性原则要求做到以下几点。

(1)教学目的要明确。

(2)教学对象要有针对性。

(3)教学重点、难点要突出。

(4)教学形式要灵活。

(三)系统性原则

多媒体课件设计的思想和质量决定了课件成功与否。设计思想要考虑学习者的心理特征、教学组织形式、教学方式及开发课件的工程思想和手段管理等。这些方面是一个整体的系统，不可分割，缺一不可。

多媒体课件设计的系统性原则要求将课件设计、课件开发、课件使用、课件管理和课件评价视作一个整体，从整体上把握各个方面的工作，以确保质量。

(四)技术性原则

多媒体课件设计水平的高低与技术因素密切相关。一般通过程序中各种数据结构、程序结构、控制技巧及运行的可靠性来衡定课件的技术性。多媒体课件设计的技术性原则要求做到以下几点。

(1)制作的课件在使用中达到运行快捷、操作界面友好、交互应答明确、容错性强等要求。

(2)课件制作完成后，应能在一般的计算机上运行，并且要求能脱离制作平台，做到可移植性或可兼容性，使课件的开发环境与运行环境无关。

(3)通常在制作课件时,还要配上安装程序和卸载程序,必要时还应该配上使用说明书。

(五)艺术性原则

多媒体课件要具有丰富的表现力和感染力,应能激发学生的情感和学习动机,提高学生的审美情趣。这就要求课件设计中采用完美的艺术形式表现教学内容,达到形象美、声音美等艺术效果,从而进一步激发学习者的学习兴趣。

(六)启发性原则

多媒体课件的设计要注意启发式的教学原则,使课件的应用价值进一步提高,从各个方面启发学生的智慧和想象力,启发方式主要有以下几种。

1. 兴趣启发

依据学习者的学习特征采取内容表现形式,将学习者的学习兴趣和求知欲激发出来,使其长久集中注意力。

2. 设题启发

针对教学重难点设计巩固性练习或启发性练习,以达到不断强化的效果。

3. 比喻启发

在课件中运用视听等教学手段将教学内容的直观形象性展现出来,使学生从中获得较多的感性认知,使学生对学习内容进行更好的分析。

二、多媒体课件的制作程序

多媒体课件的制作过程如图 4-1 所示。

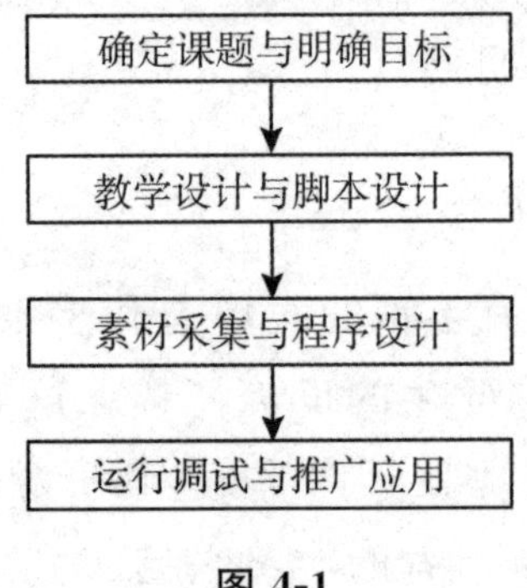

图 4-1

下面具体分析上图所示的四个制作步骤。

(一)确定课题与明确目标

1. 确定课题

教育领域中一般可以将多媒体计算机辅助教学手段运用到各个学科中,但这种教学手段并非适用于所有的教学内容。某些学科课程内容比较抽象,难以理解,教师难以捕捉某些规律,不易用语言描述,而且需要学习者反复练习等,对于这部分教学内容,在条件允许的情况下,有必要实施多媒体计算机辅助教学。

2. 明确目标

确定课题的同时,还必须分析和明确该课题的实施,应当符合教学目标的要求。明确教学目标,特别要注意发挥多媒体的特长,根据教学内容的特点,精心设计、制作多媒体素材,集图、文、声、像于一体的综合表现功能,有效调动和发挥学生学习的积极性和创造性,提高学习效率。

确定课题,明确目标,突出教学重点,攻破教学难点,合理设计教学过程,安排例题和练习,从而制作出有助于突破教学重点和教学难点、并达到预期教学目标的多媒体课件。

(二)教学设计与脚本设计

1. 教学设计

教学设计是教学理论和教学实践的中间环节,目的是通过选择合适的教学策略及教学媒体,规划教学活动序列,为学生提供最佳学习环境。

2. 脚本设计

多媒体课件制作中,将选定的教学内容编写成思路清晰、内容精练、重难点突出、易于计算机表达的脚本是一个非常重要的环节。脚本是教学设计的具体实现,是教学目标的详细注解,是制作课件的最终依据。

脚本设计分为以下两个步骤。

(1)文字脚本的设计与创作

格式见表4-1。文字脚本的最常见格式是声画式。声画式文字脚本将视觉素材与听觉素材分别对应地列出,即在左边一栏列出视觉素材的内容,如文字、图形、图像、动画和视频等,而在右边一栏列出解说、音响、配乐等对应的听觉素材。

表4-1　多媒体文字脚本的基本格式

序号	画面内容	声音内容	备注

(2)制作脚本的设计与创作

制作脚本一般也采用表格形式,见表4-2。在制作脚本中要把视觉素材与听觉素材一一对应地详细列出。另外,制作脚本还要把制作中要用到的技巧一一表达清楚。对于较大的课件,其内容和素材较多,有必要绘制逻辑结构框图,以方便制作,避免编辑制作中出现混乱和差错。逻辑结构框图可以清楚地反映出教学内容的层次结构、局部与整体的关系、各教学单元之间的关联、编辑程序的节点等，如图 4-2 所示。

表 4-2　多媒体制作脚本的参考格式

单元号	时间	画面			声音			编辑技巧	备注
		内容	类型	文件名	内容	类型	文件名		

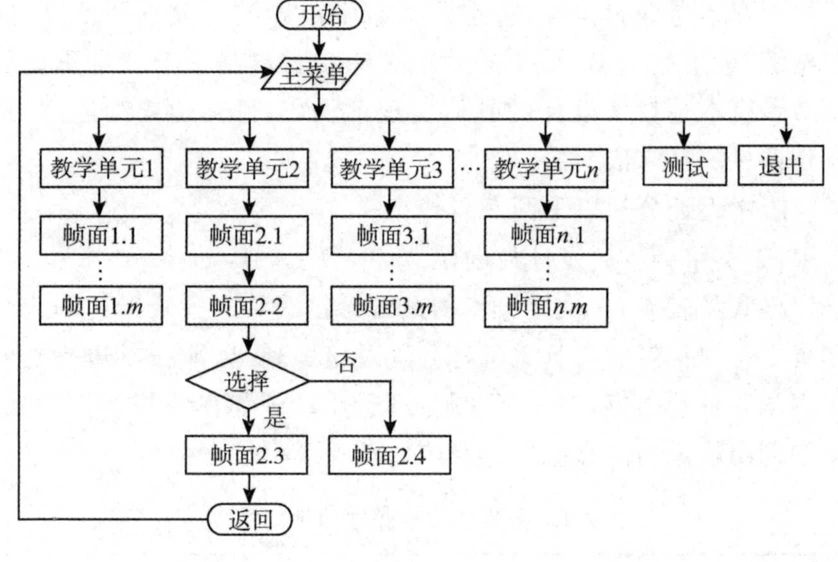

图 4-2

(三)素材采集与程序设计

1. 素材采集

需要采集的素材包括文字、图形、图像、音频、视频等，大体内容见表 4-3。

表 4-3 常用媒体的文件扩展名

媒体类型	扩展名	说明
文字	TXT	纯文本文件
	RTF	Rich Text Format 格式
	WRI	写字板文件
	DOC	Word 文件
	WPS	WPS 文件
声音	WAV	标准的 Windows 声音文件
	MID	乐器数字接口的音乐文件
	MP3	MPEG Laver 3 声音文件
	CDA	CD Audio 文件
	VQF	最新的 NTT 开发的声音文件,比 MP3 的压缩比还高
图形图像	BMP	Windows 位图文件
	JPG	JPEG 压缩的位图格式
	G1F	图形交换格式
	TIF	标记图像格式
	EPS	Post Script 图像文件
动画	GIF	图形交换格式
	FLC	AutoDesk 的 Animator 文件
	AVI	Windows 视频文件
	MOV	OuickTime 动画文件
	SWF	Flash 文件
视频	AVI	Windows 视频文件
	MOV	QuickTime 动画文件
	MPG	MPEG 视频文件
	DAT	VCD 中的视频文件
	RAM	Real Audio 和 Real Video 的流媒体文件
其他	EXE	可执行文件
	RA(RM)	Real Audio 和 Real video 的流媒体文件

2. 程序设计

程序设计是多媒体课件制作最核心的环节。这一环节的主要任务是根据脚本的要求和意图设计教学过程，将各种多媒体素材编辑起来制作成多媒体课件，要达到交互性强、操作灵活、视听效果好等要求。程序设计的步骤如下。

(1)目标分析

确定课件的教学目标及功能要求。

(2)课程调度设计

课程调度有以下三种形式。

①菜单式。由计算机提供教学单元目录，让学生进行选择，系统调用相应过程。

②程序式。将各教学目标依一定顺序连接，系统控制运行。

③混合式。菜单式与程序式结合，如各章以菜单方式由学生选择，各节则按预定顺序依次进行。

(3)帧面程序设计

常用的控制策略有帧型、生成型和智能型。

(4)界面设计

根据课件的总体结构合理创建用户界面，设计出课件每一级的图形人机界面。

(5)交互设计

设计课件的交互功能，以完成教学活动中的人机交流。

(6)导航设计

某些多媒体课件结构庞大、内容丰富，且素材以非线性的网状结构加以组织，初次使用时难免会“迷航”。为此，应向用户提供必要的导航，以方便使用。

(7)提供帮助

通过帮助菜单全程提供在线帮助，如系统帮助、功能帮助、警告帮助等操作信息。帮助菜单有软件地图、按钮提示、光标导航、弹出式介绍框。

(四)运行调试与推广应用

1. 运行调试

制作完多媒体课件后，要进行多次调试、修改，直到完善。这是确保课件质量的最后一关。

2. 推广应用

制作完多媒体课件后，在正式推广应用之前要进行一系列评价。

(1)课件评价

课件评价包括以下几种方式。

①课件制作人员自我评价。

②用户评价。

③设计制作人员、专家、用户代表共同评价。

(2)教学应用

正式推广应用多媒体课件时，要向专业教师介绍课件的特点、使用方法等，充分发挥多媒体课件的作用。

第五章　现代教育技术在课程中的运用

信息技术的发展推动了信息技术课程的产生与发展，加强信息技术教育是当下国内外教育改革的共同趋势，各国对信息技术教育的普及工作高度重视，不断推出新政策，形成了各自的发展特色。目前，信息技术课程内容已经基本稳定，信息技术课程越来越成熟，为学校及其他领域学习借鉴提供了有利的契机。本章主要就现代教育技术在课程中的运用进行研究，主要内容包括教育技术与课程的整合、信息技术课程及其实验课教学改革、现代教育技术支持下的大型开放式网络课程以及基于现代教育技术的精品课程网站的建设与优化。

第一节　教育技术与课程的整合

一、教育技术与课程整合的目标

教育技术与课程整合强调教育技术要为课程服务，要在教育领域使用。其出发点首先应当是课程，强调找出教育技术对促进学习效果提高的作用，使学生高水平地完成课程教学任务，同时获取教育技术技能。

教育技术与课程整合是网络时代教育改革、发展的必然要求，整合的多元化目标体现在以下几个方面。

(一)培养学生的信息素养

教育信息化为终身学习带来了机遇,但学生只有具备良好的信息素养,才能认识到终身学习的重要性,从而利用信息技术来不断学习。教育技术与课程的整合正是培养学生形成所有这些必备技能和素养的有效途径。对学生信息素养的培养主要考虑以下几个方面因素。

(1)信息意识与情感。

(2)信息道德。

(3)信息科学知识。

(4)信息能力。

(二)使学生掌握信息时代的学习方式

人们的学习方式在信息化学习环境中发生了重要变化。教育技术与课程整合的本质是让学生学会数字化学习,掌握以下几点信息时代的学习方式。

(1)利用数字化资源进行学习。

(2)在数字化情境中自主学习。

(3)利用网络通信工具进行协商交流,合作讨论学习。

(4)利用信息加工工具和创作平台进行实践创造学习。

(三)培养学生终身学习的能力

虚拟课堂、虚拟学校的出现;学习资源的全球共享;现代远程教育的兴起等使人们可以随时随地通过互联网学习,学习空间没有围墙界限。教育信息化还为人们从接受一次性教育向终身学习转变提供了机遇和条件。终身学习就是要求学习者能根据社会和工作的需求,确定继续学习的目标,并有意识地自我计划、自我管理、自主努力,通过多种途径实现学习目标的过程。

实现终身教育和终身学习需要进行深刻的教育变革,要达到教学个性化、学习自主化、作业协同化等要求;要大力培养学生的终身学习能力。

二、教育技术与课程整合的基本策略

为了达到上述教育技术与课程整合的基本目标，需要从以下策略着手来推动教育技术与课程的整合。

(1)利用信息化学习环境和资源创设情境，培养学生的观察、思维能力。

(2)发挥信息化学习环境和资源内容丰富、多媒体呈现、具有联想结构等优势，培养学生自主发现、探索学习的能力。

(3)利用信息化学习环境和资源，借助人机交互技术和参数处理技术，建立虚拟学习环境，培养学生积极参与、不断探索的精神。

(4)利用信息化学习环境和资源，组织协商活动，培养学生的合作学习精神。

(5)利用信息化学习环境和资源，创造机会，让学生运用语言、文字表述观点、思想，形成个性化知识结构。

(6)利用信息化学习环境和资源，借助信息工具平台，尝试创造性实践，培养学生加工处理信息和表达交流的能力。

(7)利用信息化学习环境和资源，给学习者提供自我评价反馈的机会。通过形成性练习、作品评价方式获得学习反馈，调整学习的起点和路径。

三、教育技术与课程整合的基本方式

教育技术与课程整合的基本方式有以下几种。

(一)L—fromIT 方式

L—fromIT 方式是教师利用信息技术进行辅助教学。教师根据教学目标进行教学设计，将计算机作为备课工具，用它编辑所需资料、情报检索、文字处理以及教学资源管理等。[①] 在教学中

① 罗文浪．现代教育技术[M]．北京：北京理工大学出版社，2015.

决定在什么时候,用什么媒体、以什么方式来呈现什么教学内容。作为重要教学工具的计算机在教学中以多种多样的形式被应用。例如,完全利用计算机革新课程内容和教学方法,创设新的教学和学习形式,如合作学习、交互式模拟、探索和发现学习、问题解决学习、以项目为基础的学习等。在这种方式中,最常用的模式是情境—探究模式。该模式中教育技术与课程内容教学的关系如图 5-1 所示。

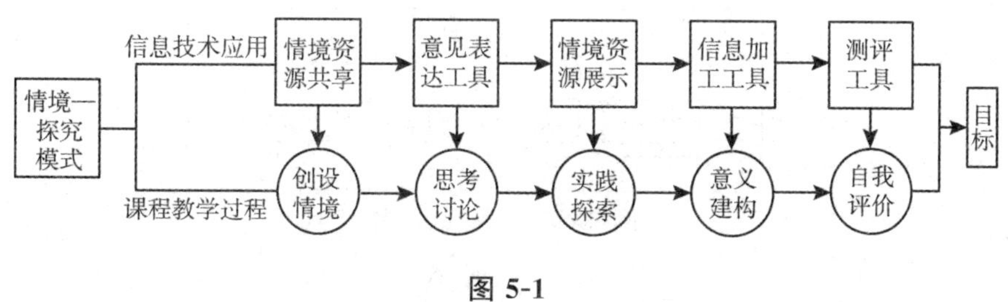

图 5-1

(二)L—aboutIT 方式

L—aboutIT 方式把信息技术作为学习对象,在信息技术课程教学中引入其他学科课程知识,结合信息检索课程内容,把检索语文、数学资料作为学生的课外练习。这种方式是专门开设信息技术课,旨在培养学生的信息素养,培养学生学习与应用信息技术的兴趣和意识,掌握计算机基础知识和技能。信息技术课程教学不但是为了学习信息技术本身,还是为了对学生利用信息技术的能力进行培养。

(三)L—withIT 方式

L—withIT 方式把信息技术作为学生学习的认知工具。这种方式将信息技术应用于以下几个方面。

(1)课程学习内容和学习资源的获取工具。

(2)协商学习和交流讨论的通信工具。

(3)情境探究和发现学习工具。

(4)自我评测和学习反馈工具。

(5)知识构建和创作实践工具。

根据信息技术作为认知工具的应用环境和方式的不同,又可分为以下几种模式。

(1)"资源利用—主题探究—合作学习"模式(图 5-2)。

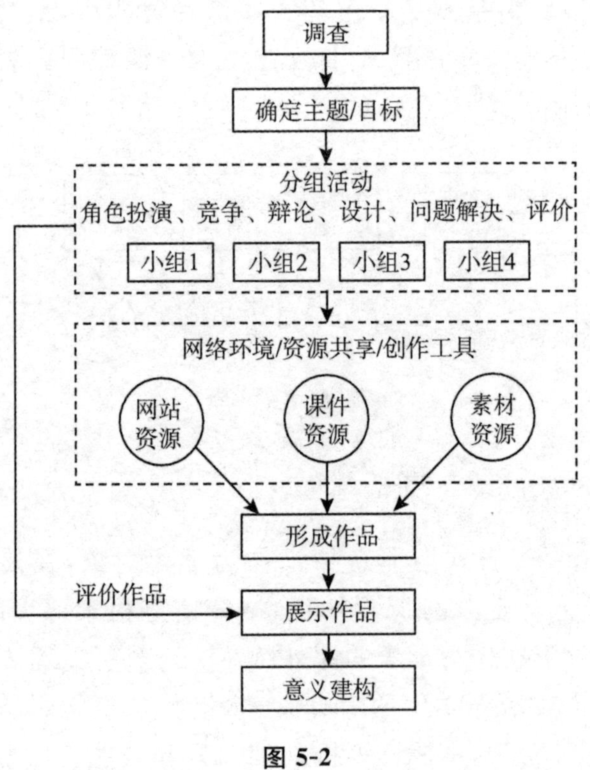

图 5-2

(2)"小组合作—远程协商"模式(图 5-3)。

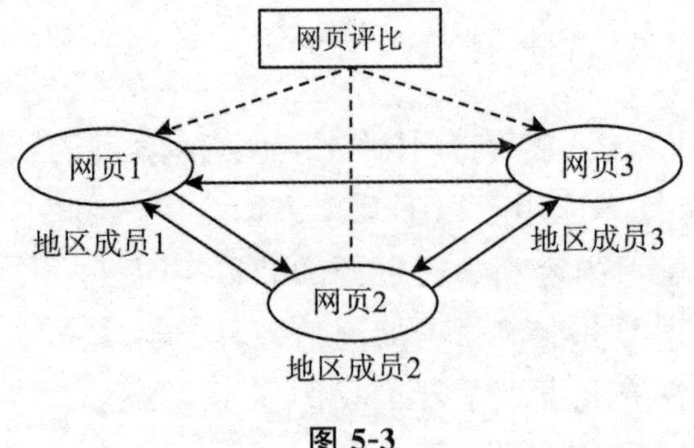

图 5-3

(3)“专题探索—网站开发”模式(图 5-4)。

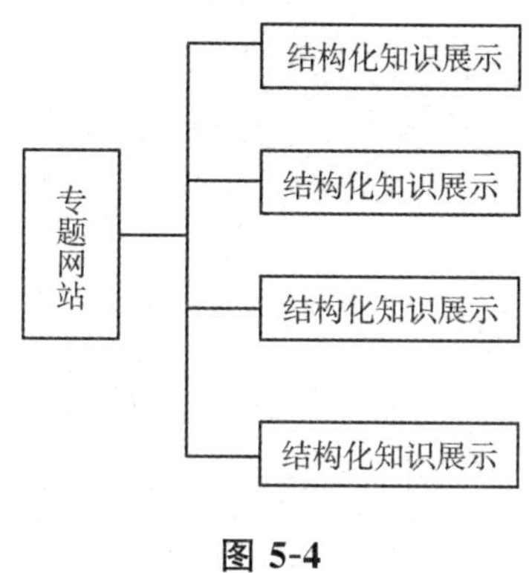

图 5-4

第二节　信息技术课程及其实验课教学改革

一、信息技术课程的教学实施

根据教学中涉及内容属性的不同,可以将信息技术课程分成理论课、技能课、实验课、作品制作课四种类型。下面主要分析前三种课型教学的实施。

(一)理论课教学

信息技术课程的每节课都会讲授理论知识,只是理论知识部分所占的比重多少有区别。这里的理论课,指的是以知识为主要内容的一种课型。

理论课教学的实施主要从以下几个方面着手。

1. 基础性理论知识:从激发学生兴趣入手

信息技术课程中的基础性知识,简单易懂,但难以激发学生兴趣,也较难借助实践或操作辅助理解。此时教师可以从激发兴趣入手,把课本上的知识点和学生的兴趣结合起来。

2. 原理性理论知识：将抽象的概念形象化

信息技术课程中原理性知识的内容抽象性强，相对深奥，不易理解。对于这些知识，教师可以通过组织活动或其他形式将抽象的概念形象化，以提高教学效果。

3. 情感态度知识：强调与应用的结合

信息技术课程中与“情感态度与价值观”相关的知识，其内容的典型特征是附着于知识和技能之上，体现于过程和方法之中。在教学中，教师需要采用讲授、说明等手法进行必要的拓展或巩固。此时教师可以将理论知识点和学生的实际运用相结合，从而将理论知识外化，以提高教学效果。

（二）技能课教学

技能课是一种以计算机操作技能和应用软件的基本操作为主要教学内容的课型，是信息技术教学中最常见的课型之一，其主要目的是对学生使用计算机及操作各类应用软件的能力进行培养，并促进这些能力的提升。技能课的主要任务是技能训练，在反复练习中熟练操作，进而掌握技巧、总结规律并形成能力迁移。[①] 虽然技能课以技能训练为基本目的，但它也强调教学中将学生融入实际问题和具体工作的情境之中，因为只有与学生实际贴近，才能实现问题迁移，让学生体验过程与方法，情感更丰富。

讲练法、任务驱动法等是技能课教学中常用的方法。从信息技术课的总课时上看，技能课所占比例较高。授课教师要以教学内容及学生基础与能力的差异为依据而有针对性地设计技能课教学过程。具体从以下几个方面来实施这类课程的教学工作。

1. 从讲演练模式出发，采取大片段教学或者小片段教学

大多数技能课上，教师所采用的都是“讲演练”模式，即教师

① 李艺．信息技术课程与教学[M]．北京：中央广播电视大学出版社，2011.

讲授—教师演示—学生练习。这种最为常见的教学方法有助于促进学生一步一步地掌握技能操作方法。具体实施时，教师可以根据学生年龄、技能、知识的特点，选择小片段或大片段教学。

一般来说，对于低年级学生或设计大型任务时，教师常采用小片段教学。面向高年级学生或设计小型任务时，可采用大片段教学。

2. 将技能学习付诸具体的应用活动

技能课的学习目的是具体应用，将技能学习与具体的应用活动相结合，有助于学生明确技能学习目的，知道何时应用何种技能。因此在技能课的教学中可以将技能学习付诸具体的应用活动，从生活中挖掘素材，以培养学生的信息素养。

3. 利用分层次教学实现技能课的优化

使学生掌握各类技能知识的操作方法，这是技能课的目标。与理论课相比，在技能课中，学生的认知水平、学习兴趣、操作技能的差异性更加显著，对此，需利用分层教学法有效克服教学内容与学生技能水平之间的矛盾，克服学生掌握知识水平两极分化的矛盾，真正做到因材施教。

（三）实验课教学

实验课是指以规范的管理方式实施信息技术课程的一种课型，在生物、化学、物理等学科教学中较为常见。依据内容的不同，信息技术课程的实验课可以分为探究型实验课、演练型实验课和设计型实验课等类型。

1. 实验课流程

（1）实验准备

目前的教材中少有专门的实验设计，教师应根据自己的理解与学生的实际情况来加工、改造教材，确定实验内容。之后，根据内容特点及目标要求选择合适的实验类型，设计实验过程及步骤，明确实验的指导重点及学生的操作难点，建立切实可行的评价指标。

根据实验需要，教师应事先准备好所用实验设备，保证设备可以正常运转。实验用设备的准备可留有余地，如果条件允许，让学生参与实验准备工作，培养其学习的主动性。实验课程应制定设备使用的标准操作规程。

做好实验室准备工作后，教师可先进行预实验，详细记录实验结果及相关现象、问题等，以便充分把握整个实验过程、操作难点、结果、现象、时间及可能出现的意外情况，合理解释意外结果，以保障实验顺利进行。

实验前教师还要加强学生的实验预习工作，引导学生复习相关理论知识、查阅资料、讨论、预测实验结果及可能出现的问题与解决问题的对策等。

(2)实验讲授

在实验课讲授过程中，应有适当的提问，由学生回答，从实验项目、实验过程直到可能的实验现象等各方面展开讨论，让学生不仅知道怎么做，更要知道为什么这么做。不同类型的实验课，讲授的内容各有侧重。

①演练型实验：着重讲授实验原理，分析和解释设备的性能、工作流程、操作规范等。

②探究型实验：主要讲解目的要求、原理、注意事项等，充分调动学生的积极性，提高学生的思维能力和动手能力。

③设计型实验：由学生设计实验方案，适当选用设备，处理、分析数据，得出结果、结论，并讨论结果等，教师则着重启发学生综合运用所学知识分析解决问题及进行科学实验的思维与方法。

(3)实验指导

学生实验过程是整个实验教学过程的核心，教师应直接或间接参与实验过程，通过观察、提问、解答、纠正等方式监测和考核学生实验过程，确保学生掌握实验的基本原理、关键的实验操作和基本操作技能。具体从以下几个方面进行指导。

第一，提醒、要求学生严格按照标准操作规程使用设备，作好原始记录。

第二,积极引导学生理论联系实际,用所学知识解释实验现象及实验中出现的问题。

第三,实验完成后,针对实验过程中观察掌握的情况提出问题让学生讨论,加深学生对实验过程和正确操作的印象,巩固实验效果。

第四,实验结束后,教师布置实验报告,并针对每节课的内容布置适当的思考题或讨论题。最后指导学生做好实验设备的维护整理。

2. 撰写实验报告

实验报告是实验的重要组成部分,学生通过撰写实验报告,可以对本节课要完成的任务更加明确,更好地思考和总结整个实验。同时,教师可以对学生进行明确指导,全面了解学生的实验情况。因此,在信息技术实验课中撰写实验报告得到了高度重视。实验报告应包括以下基本内容。

(1)实验目的。

(2)实验项目与管理。

(3)实验仪器。

(4)实验步骤。

(5)实验过程。

(6)实验数据记录、处理与分析。

(7)思考题。

(8)实验评价。

二、信息技术课程体系的构建——以数字媒体技术专业课程为例

(一)构建内容

第一,确定课程大纲。课程大纲是课程教学的规范指导文件,是教学的基本依据。课程大纲要符合培训目标要求,服从课

程体系结构及教学计划安排的整体要求。课程大纲的内容包括教学目标的设置、教学内容的安排、课程教学的基本要求、实践性教学环节要求、各门课程的学时学分分配等部分。

第二,组织课程实施,重视实践教学。课程的主讲教师要积极开展研究,重视学生在实践培训活动中的主体地位,充分调动学生参与的积极性、主动性和创造性。进一步优化课堂教学内容,要根据学生的特点和需要因材施教,鼓励主讲教师积极采用现代化教学手段和技术。实践教学是培训过程中的重要环节,要理论联系实际,全面提升学员的素质。实践教学主要包括组织公开课、考察、调查研究等。

第三,完善课程结构。课程的教学内容要与时俱进,尤其是数字媒体技术专业,更要及时反映学科领域的最新成果,因此要不断更新教学内容。结合市场人才需求调查,根据实际需求,及时开设有特色的新课程,调整现有课程体系。

(二)构建方法

要设置合理的面向社会和企业的数字媒体技术专业课程体系,必须先了解现阶段课程设置现状与社会需求之间存在的差距。虽然目前数字媒体技术专业所涉及的学科比较多,但是从数字媒体技术专业发展的角度看,其专业课程的设置应该是各个学科辅助课程的有机结合,而不仅仅是它们的简单拼凑。所以在数字媒体技术专业课程体系设置中应该注重以下几个问题。

第一,要注重向数字产品的营销与策划、广告创意方向的课程扩展,体现出数字媒体专业技术与艺术相结合的特点,从而形成数字媒体技术专业自己的特色。

第二,课程设置还应加强理论与实践的结合,以强化学生的解决问题的能力,在解决问题的过程中,培养学生的沟通能力与团队协作精神。

第三,课程设置应该在保障本专业稳步发展的同时,能及时地根据社会对数字媒体技术人才需求的不断变化作出调整。

(三)构建方案

数字媒体技术专业毕业的学生以后主要面临的工作领域有游戏、影视、动漫、数字艺术等,在这些领域主要从事的工作有游戏程序的研发和设计、动漫影视的创作、网络技术的维护和数字艺术相关的工作等。所以数字媒体技术专业人才课程体系应该紧紧围绕这几个方面去设置和改革,课程体系的设置要有层次性,即体现在“三平台一环节”上。三平台有通识教育平台、学科专业基础教育平台和专业选修教育平台,一环节是指实践环节。课程体系框架如图 5-5 所示。

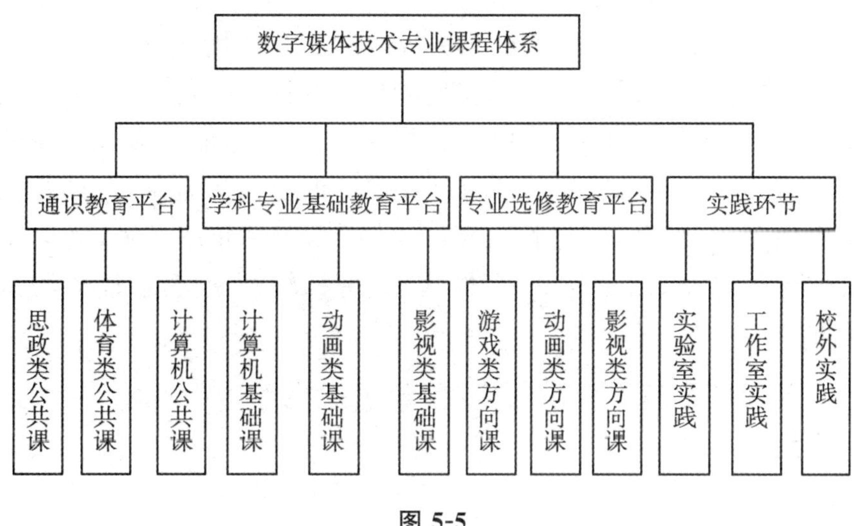

图 5-5

三、信息技术实验课教学改革研究——以“《计算机网络与应用》实验课”为例

《计算机网络与应用》是学校数字媒体技术专业的一门基于专业基础教育平台的课程。该课程以培养学生网络应用能力为核心,让学生通过课程的学习,毕业后能胜任计算机网络领域相关的各类工作,因此,本课程的实验课教学非常重要。

但是,目前该课程的实验课教学效果不尽如人意,存在学生课前预习不充分、课堂上讨论不充分、对知识点的理解升华不充分等问题,需要进行教学改革。

采用蓝墨云班课辅助教学平台的线上线下混合教学模式,能够改善传统的实验课教学模式,它是一款非常实用的软件,主要优点有:教学过程、学生成绩公开公平化,学生信任度较高;教学资源的收集、归类、上传方便;课程过程记录方便灵活;教学反馈相对真实,学生能用文字实时评价;维护优化跟进迅速。

(一)蓝墨云班课辅助学习平台概述

蓝墨云班课辅助教学平台主要用于移动端,有 IOS 和 Android 两种版本,也配有相应的 PC 版平台以适应不同使用者在不同环境下的不同需求。蓝墨云班课平台的注册与使用十分便捷,教师创建好自己的班课,系统会自动生成邀请码,教师将邀请码告知学生,学生下载蓝墨云班课平台并注册,根据邀请码进入班课即可。蓝墨云班课以教师创建的班群和班课空间为基础,可以为教师提供班级管理、课堂讨论、资源上传、学习评价等服务,为学生提供课程订阅、消息提醒、个性化学习资源、讨论交流、能力测试等服务。

(二)基于蓝墨云班课的《计算机网络与应用》实验课改革实施过程

1. 课前情况

课前,教师首先要求学生观看蓝墨云班课资源中的本次实验相关知识点资源进行自主学习,然后通过蓝墨云班课平台里配套的测试题来检测学生对本节课知识的掌握情况,并通过结果的反馈和评价,让学生有针对性地对视频进行反复观看,最后再测评这一过程。这样教师就可以清楚地了解学生在预习过程中哪些知识点掌握得不好,并针对测试结果中发现的问题在课堂中进行讲解。

教师在上传有关学习资源时需要利用蓝墨云班课的资源分

类形式功能将教学资源归类、合理分组，这样便于资源管理和学生查看。学生通过蓝墨云班课平台中教师上传的资源库进行课前自主学习。自学能力较强的学生，课前能够很好地掌握和完成教师布置的任务，为课上更好地完成实验操作任务打好基础；自学能力和基础较差的学生通过对平台上资源的课前预习，也能对本次实验的任务、目的和步骤有一定的了解。

2. 课堂情况

课堂上，教师利用蓝墨云班课平台布置小组任务，先是小组内讨论完成本次实验的步骤和注意的问题，同时，针对每次实验课容易出现的操作或设计问题组织学生进行讨论。对于在做实验过程中出现的临时问题，教师可让最先遇见问题的学生描述出现问题的过程，再由其他学生讨论，最后归纳讨论结果，给出最终解决问题的方案。在学生做实验的过程中教师也可利用蓝墨云班课的课堂表现功能，及时给动手能力强和率先成功完成实验的学生增加相应的经验值，以此来鼓励学生。蓝墨云班课中的讨论活动板块除了能让学生可以随时查看自己已经获得的经验值，还可以让其看到自己在本班级经验值的排名情况，这样就能够不同程度地激励学生多动脑、多动手、多参与，营造出你追我赶的学习氛围。

3. 课后情况

课后，为了更好地加强与学生的沟通，教师可以利用蓝墨云班课设计答疑、交流活动区，学生在互动区用文字、语音或图片等方式发表自己在学习过程中遇到的问题，教师则针对学生提出的问题进行解答。课后，教师如果需要知道学生的整体情况，可以通过蓝墨云班课查看整个班级的签到情况、资源学习情况、讨论情况、测试情况等，并在此基础上对学生做出合理的学习评价。

第三节　现代教育技术支持下的大型开放式网络课程

一、大型开放式网络课程(MOOC)的定义

大型开放式网络课程的英文全称是 Massive Open Online Courses 缩写为 MOOC。大型开放式网络课程是一种在线教育形式，是在线教育系统的组成部分，是对以往的网络教学的发展和延伸。

下面分析“MOOC”的含义。

“M”:Massive(大规模)，不限制同时参与学习的学习者数量，一门课程的学习者可以成百上千，甚至多达十几万人。

“O”:Open(开放)，课程向所有人开放，任何感兴趣的人不分国籍，只需一个邮箱，都可以注册学习。

“O”:Online(在线)，意味着教与学的活动主要发生在网络环境中，无须旅行，不受时空限制。

“C”:Courses(课程)，包括了师生实时交互的整个教学过程。

MOOC 把以视频为主且具有交互功能的网络课程免费发布到互联网上，供全球众多学员学习。其典型特点是以小段视频为主传授名校名师的教学内容，以即时测试与反馈促进学员学习，并基于大数据分析促进教师和学生改进教与学。①

二、MOOC 课程的特点

MOOC 课程具有以下几个特征。

(一)学员没有人数限制

有来自全球各地的众多学习者，没有学生人数限制。MOOC

---

①　黄明，梁旭，谷晓琳．大型开放式网络课程 MOOC 概论[M]．北京：电子工业出版社，2015.

的目的就是让来自世界各地的学习者从最好的大学、最好的导师中免费学到最好的课程，MOOC 各平台中的大部分课程都由大学教授来提供。

（二）课程结构较为完整

基于计算机网络平台的 MOOC 课程不仅有基础性的课本知识讲解、实验操作、在线问题解答，同时还有社区互动平台，学习者可以在线与不同地区的人进行经验交流。另外，MOOC 课程还提供学习证书，并能够获取学分，与传统大学相似。

（三）邮件通知

课程开始前，教师会采用邮件等方式通知学生关于课程的起始时间、课前准备等基本信息。学生根据平台上的导航快捷进入所要学习的页面，并能便捷地获取相关资料。

（四）及时反馈

学生在 MOOC 课程学习时，主要有单元测试和机器测评来评估学生的学习动态，教师也会及时了解和分析学生的测试结果。几乎每门课程都会设置问答平台，以英文进行讨论。

三、MOOC 的教学过程

（一）教学准备

1. 教学目标

教师在设定教学目标时，应充分考虑受众的多样性，制定多层次的目标，让学生都能享受相对完整的学习体验。

2. 教学计划

在课程开始前，教师应清晰规划课程的架构和展开形式，并详细制定课程大纲，制定原则如下。

(1)根据课程内容搭建知识体系。

(2)根据学科特点设计教学模块。

学生通过浏览课程大纲对课程难度和学习任务量作出预估与判断，并进一步了解课程内容。

(二)教学过程

1. 视频教学

MOOC 课程讲座视频的制作过程本身就是教学过程。通过视频教学最好能够达到面对面、一对一的教学效果，让学生有强烈的代入感和参与感。

MOOC 中每小节讲座视频 10 分钟左右，教师应注意回顾上一小节内容，重点讲授本节知识点，并利用最后 1 分钟时间进行总结。

2. 嵌入式测试

在课程讲座视频中间插入小测试，可以检验学生的学习情况，使学生及时发现和攻克学习中的疑点，然后更顺利地进入下一阶段的学习。

对于教师而言，嵌入式测试能够吸引学生的注意力，增强与学生的互动，提高教学效果，并评估自己的教学成果。

(三)教学反馈

1. 课后测试

课后测试通常用于检验学生一段时间内知识点的掌握及其综合运用情况。课后测试主要分为周测试与期中、期末测试两类。教师可以根据课程需要灵活安排。

2. 同伴互评

同伴互评是由教师设定详细的考察点，指导学生对同伴的作业做出评价。通常由四位学生评价一位学生的作业，以避免评价者的主观意见或其能力水平出现偏颇。

教师在同伴互评中的引导作用非常重要。

(1)教师在布置作业时，要将考查点详细列出，引导学生按照各个要点全面作答。

(2)教师应设置评价指标并说明每项指标的评价标准。

(四)教学补充

1. 课程讨论区

课程讨论区是师生之间、生生之间探讨课程内容、课后作业以及与课程相关的延展问题的平台。利用课程讨论区这一平台，师生间、生生间的交流非常便捷。

应针对课程讨论区制定发文规范，明确惩罚机制，确保讨论的内容不与法律和道德相抵触，坚决抵制商业广告，保证讨论环境的健康与纯净。

2. 线下互动

MOOC 缺乏即时的师生面对面互动，为了弥补这一缺憾，MOOC 的授课教师与平台提供商开发了线下互动形式，让学生有机会与教师面对面交流，并让全世界的学习者共同分享。主要互动形式如下。

(1)和老师闲逛。

(2)面对面答疑。

(3)学生见面会。

(4)教师邮件提醒。

(五)教学改进

1. 课前调查

开展课前调查，可以了解学生的人口背景、学科知识储备与对课程的期望。课前调查收集的信息如下。

(1)学生的人口学特征。

(2)学生参加课程的动机。

(3)学生对课程的期望。

(4)学生对本课程知识的掌握水平。

2. 课后调查

在课程收尾阶段,教师需要对每位学生的表现进行打分,评估其是否有资格获得结课证书,制作证书,并开展结课后调查。结课后调查的内容如下。

(1)课程的总体评价。

(2)课程资料的评价。

(3)学生个人的学习习惯。

(4)对学习任务量的评价。

(5)对自我学习过程的评价。

(6)与线下面对面教学方式和其他在线教学方式的比较。

(7)中途放弃学习的原因。

(8)其他想要了解的信息。

需要注意的是,课程调查的篇幅不宜过长,而且课前调查与课后调查是一个整体,最好能够将课程调查嵌入到课程平台数据中,两套数据互相补充。

第四节 基于现代教育技术的精品课程网站的建设与优化

大力开展网络教育精品课程建设,对现代远程教育意义重大。在建设精品课程库的同时,提高网络精品课程网站的建设质量是摆在教育工作者面前的重要课题。因此,从现代教育技术信息化的角度出发来研究精品课程网站的建设与优化具有现实意义。

一、精品课程网站建设的现状分析

(一)精品课程建设备受重视

随着现代教育技术的不断发展,国内外有关信息化精品课程的建设备受重视,数量不断增加,分布趋于均衡,划分趋于精细。精品课程的建设带动了各学科对课程的重新思考和建设,也为高等院校提高教学质量做出了贡献。

(二)精品课程网站建设呈现出技术多元化局面

科学技术的快速发展促进了精品课程网站技术的发展。目前,网站的技术构成不局限于以往单一的静态网页形式,而是出现了多种新技术,开始呈现出技术多元化的局面。

(三)教学资源的技术形式更加多样

从教学资源来看,其技术形式更为丰富多样,大多共享了教案、课件、教材和网络课程,改变了以前以单一技术呈现教学资源的情况,开始提倡动态立体化教材,以期通过不同的技术形式呈现出更丰富的资源。

二、基于现代教育技术的精品课程网站的优化设计策略研究

目前,制约精品课程网站建设与使用的因素有宣传力度不够、操作复杂不易使用、资源不够丰富等。鉴于此,有关学者利用ASP. NET 技术,提出了一项精品课程网站的优化设计策略,其操作简单,界面简洁友好,能充分利用网络精品课程的资源,让网站成为教师与学生互动的平台,下面具体分析该项策略。

(一)精品课程网站的总体设计

采用 ASP.NET 技术与 Web 数据库技术相结合的方式设计精品课程网站,拟设计的优化方案功能主要包括以下几点。

(1)浏览网站功能。页面左侧有导航条,用户可以根据自己的需要,点击相关的链接进行查看。

(2)后台管理功能。主要包括管理员的身份验证、用户管理、论坛管理、教师信息管理、教学资源管理等功能。

(3)在线交流功能。注册用户可以发表和回复帖子,可实现各用户实时的交互功能。

精品课程网站优化策略的总体设计逻辑图如图 5-6 所示。

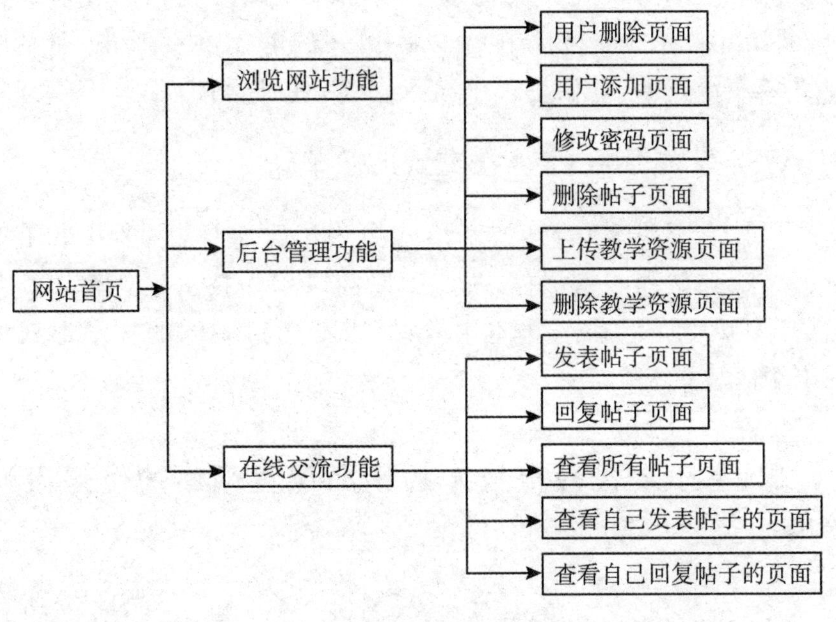

图 5-6

(二)精品课程网站的层次化设计方法

网站的总体设计采用结构化的设计方法,根据模块化的设计思想,将总体的精品课程网站系统划分为多个子模块,优化后的精品课程网站的系统模块层次图如图 5-7 所示。

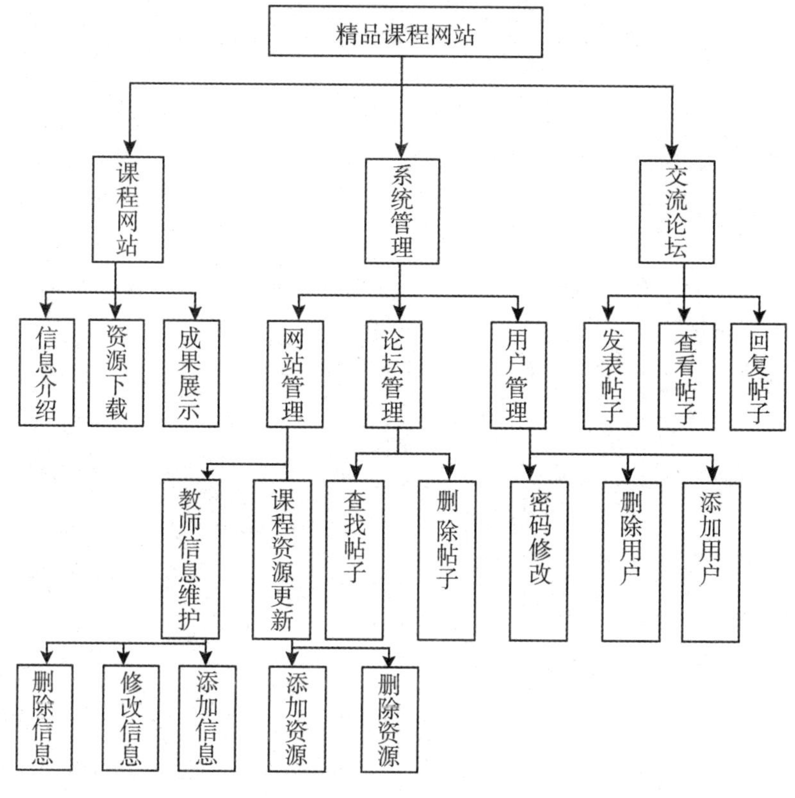

图 5-7

(三)精品课程网站的安全系统设计

网站的用户信息必须有一定的安全措施保障,不同的用户分配不同的权限,各用户允许浏览的页面和允许进行的操作都应不同,这样网站的安全性才能得到保障。笔者设计的登录角色分为三种:游客、注册用户和管理员。登录后的权限管理功能工作流程为:用户登录后通过权限进行判断,游客不能浏览论坛内容,注册用户除了可以完成游客的操作外,还可以进行发帖、回帖、交流学习心得等操作。注册的用户除系统的管理员外只能对自己录入的信息进行删除和修改操作。系统管理员具有最高权限,包括审核注册用户信息、发布信息等。精品课程网站的系统安全设计图如图 5-8 所示。

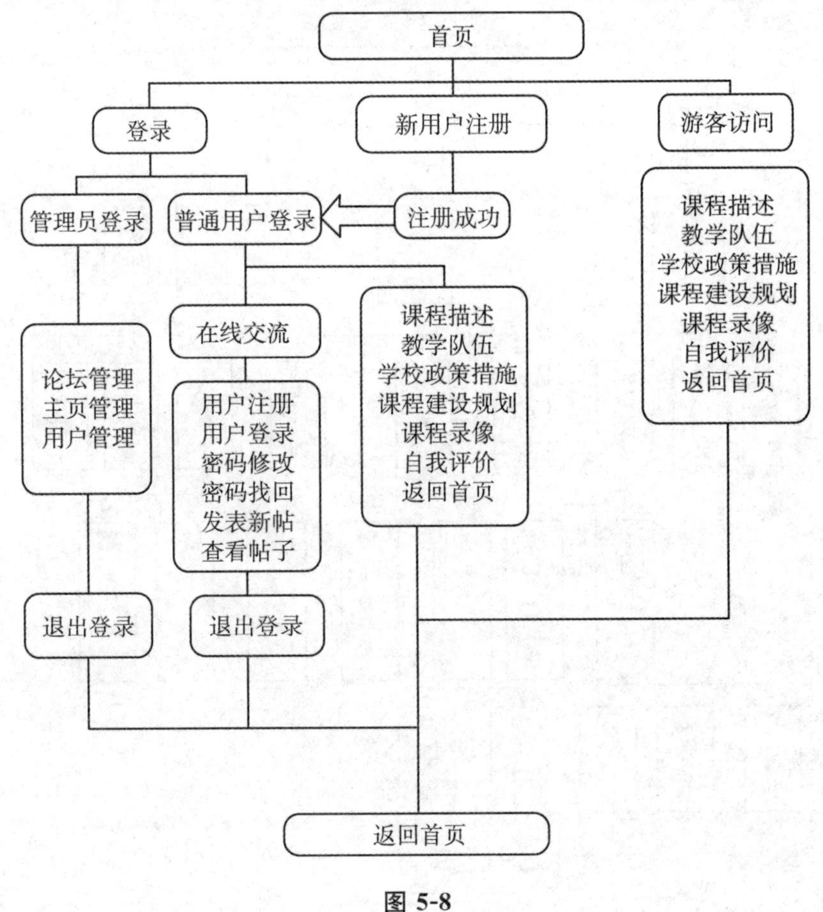

图 5-8

用于注册的用户名名称本身，通常是安全隐患的主要来源。很多系统管理员往往习惯于采用默认的用户名称，如 system、admin、root 等，而这类账户一般是首先被攻击的目标。因此关于注册用户名名称的建议是：如果网站允许用户自由选择用户名称，则要尽量确保禁止使用某些默认名称，尽量不要使用容易猜出的或有规律的名称。

(四)精品课程网站的上传文件功能设计

1. ASP. NET 技术实现文件上传

传统的 ASP 技术本身不支持上传文件这一功能，必须借助其他的组件来实现,因此要实现文件上传功能是非常繁琐的。而ASP.NET则不同,它使用VB.NET、C#等面向对象的语言代替了原有的VBScript,这样可以使它完成各种各样的以前无法实现的操作。

2. 使用Web服务技术上传文件

使用Web服务实现文件的上传需要三个步骤:一是把本地文件通过ASP.NET程序变成流文件;二是把流文件上传到Web服务中;三是通过Web服务程序把第二步上传的流文件存储到Web服务所在的主服务器上。

综上所述,使用ASP.NET上传文件的方法非常简单,但是缺点是它只能把文件上传到ASP.NET程序本身所在的服务器上。如果要上传的服务器和ASP.NET应用程序不在同一个服务器上,就需要使用Web服务来实现这项功能了。

第六章　现代教育技术在远程教育中的运用

随着计算机网络的迅猛发展，现代远程教育作为一种新型教育形式，已成为我国高等教育和继续教育的重要组成部分。远程教育教与学相对分离，具有双向交互的技术特征与优势，既能使师生交流加强，又能促进集体教学活动，同时还能够对个体化学习和小组协作学习起到极大的激励与促进作用。本章主要对现代教育技术在远程教育中的运用进行研究，主要内容包括现代远程教育的内涵、教育资源建设与应用、教育课程开发、教学系统及设计以及教育评价与管理。

第一节　现代远程教育的内涵

一、现代远程教育的概念

现代远程教育也称“网络教育”和“第三代远程教育”，是在现代教育理念指导下，利用先进的 Internet 和计算机技术，实时与非实时传递多媒体的音频、视频、数据等信息，进行实时与非实时可视的、交互式远程教育。[①]

---

① 应卫勇，刘百祥．现代远程教育学习概论（第二版）[M]．上海：华东理工大学出版社，2016.

二、现代远程教育的基本内涵

现代远程教育的基本内涵表现如下。

(1)教育机构、教师与学生之间处于经常性的长期相对分离状态,这使得远程教育需要为学生提供特殊的课程规划和课程资料。

(2)由于教与学是相对分离状态,远程教育需要在教育机构、教师和学生之间建立特殊的信息传输系统,并为学生,同时也要为教师持续不断地提供学和教的支助服务。

(3)远程教育最主要与最本质的特征是教育机构、教师与学生之间在空间上的相对分离。基于这一基本特征,远程教育的机构需要建立适应于这一特征的课程开发模式、教学设计模式、学习支助服务模式以及相应的远程教育管理和评价模式,这些构成了远程教育研究中最本质的内容。

第二节　现代远程教育资源的建设与应用

现代远程教育资源主要指蕴含了大量的教育信息,能创造出一定的教育价值,利用各种信息传输和处理技术,以数字信号的形式在互联网上进行传输的信息资源,包括数字音频、数字视频、多媒体软件、电子邮件、网站、在线学习管理系统、在线讨论、计算机模拟、数据文件、数据库等。①

一、现代远程教育资源建设

(一)现代远程教育资源建设的基本内容

现代远程教育资源的建设可从课程资源建设、网上资源库建

---

① 王继新,李书明.远程教育原理与技术(第二版)[M].武汉:湖北科学技术出版社,2013.

设、人力资源建设及离线辅助教材资源建设四个方面同步展开。具体建设内容如下。

(1)素材库建设。

(2)网络课程建设。

(3)远程教学点建设。

(4)教学支撑软件建设。

(5)现代远程教育信息网站建设。

(6)现代远程教育法规建设。

(7)远程教育工作者培训等。

(二)现代远程教育资源建设的程序

现代远程教育资源建设采取自上而下的组织策略,总体规划部门确定资源建设的整体目标、内容和标准,并与各建设单位进行协商,对资源建设任务进行分配。参与现代远程资源建设的单位主要有教育单位、实力雄厚的企业公司。

现代远程教育资源建设包括以下几个步骤。

1. 需求分析

需求分析可以从不同的角度进行,以确定所要建设资源的种类、学科范围、具体内容、每类资源建设的数量及需要提供哪些特色资源等,这些都需要按照教学大纲和课程目录的顺序划分各学科要建设的资源的详细内容。除了专门的教学资源外,资源库中还可收录电子图书、教学工具软件等拓展资源。需求分析最后应生成一个书面的资源建设的需求分析报告文档。领导决策者根据此文档来确定资源建设规模。

2. 确定标准

根据国家教育部教育信息化技术标准委员会发布的《教育资源建设技术规范》(征求意见稿)确定资源建设的技术标准,必须细化到对资源每个属性的具体要求,以更好地进行操作。

3. 编制评价指标

编制资源的评价指标是后期“资源建设专家组”和“各学科工作小组”审查资源并进行分类的依据。明确评价标准有利于保证资源的质量。

4. 资源建设培训

资源建设培训主要是对资源的开发者、建设者进行业务知识培训,包括基础教育教学资源的分类体系、分类标准、基本属性特征等。

5. 资源征集

分配资源征集任务并下发各个部门。分配任务时应考虑各地区、学校和教师的特色与优势,尽可能将其优势最大限度地发挥出来,保证资源整合的完善。可根据学科、年级和类型的不同组合顺序来收集整理资源。

6. 资源的审核与完善

资源建设领导小组组织资源建设专家组及各学科工作小组、技术小组按照已定的“资源评价指标”对征集到的资源进行审核、筛选、优化、整合,并确定资源的等级和价格。对筛选出的基础较好但不完善的资源由技术小组在学科工作小组帮助下进行优化,使之达到合格资源的要求。

7. 资源入库

利用计算机网络技术,通过资源管理平台将资源批量或单个存入数据库中,为确保资源库中数据的精确性,需要资源收集整理者在入库时对资源的所有属性进行预校验。

8. 资源的运营与维护

后期的运营维护工作主要包括定期采购资源,利用信息搜集模块自动实现资源补充，定期审核原有资源，删除无效资源，确保资源的质量。

二、现代远程教育资源的应用形式

现代远程教育资源主要的应用形式有以下几种。

(一)基于资源的学习模式

网络为学习者提供了极为丰富的学习资源，包括数字化图书馆、网上报刊、电子阅览室、各种数据库以及多媒体电子书等。学习者只要掌握了一定的信息获取技能，就可以通过各种网上检索机制，方便快捷地获取知识。这种学习模式不是将现成的答案直接展现在学生面前，而是为他们提供一个适宜的学习外境，这个环境中包含了要实现学习目标可以参考的各种资源，学生通过筛选、分析、综合以及实际应用这些资源，最终达到对知识的深层建构，并形成信息加工和解决问题的能力。

在信息教育环境下，如何利用 E-learning(通过网络进行的学习与教学活动，充分利用现代信息技术所提供的全新沟通机制与丰富的学习资源，实现一种全新的学习方式)推荐系统主动和学习者进行信息交互，分析学习者的个性需求，给他们提供感兴趣的学习内容和个性化的学习资源，已经成为一个研究的热点问题。User profile 能够体现用户的偏好信息，是用户兴趣的描述文件，存储用户偏好的数据及其结构。User profile 可以用语义网来存储信息，表达用户的喜好，促进信息的存储和检索过程，而语义网利用形式化本体来创建机器可识别的数据，本体在处理机器可识别的描述信息方面是非常优秀的，但在现实世界中本体的形式化概念在处理一般领域中的不精确、不确定和模糊的信息时就无能为力了。为了能描述不精确、不确定和模糊信息引入模糊概念和模糊关系，把模糊理论扩展到本体上，形成模糊本体。模糊本体能够处理模糊知识，能描述和检索文本和多媒体对象中的模糊信息。有关学者提出一种基于模糊本体的 User profile 来提高 E-learning 推荐系统的教学活动，主要目的是提高检索、分类和管理学习对象的性能，利用模糊逻辑来定义、执行和校验自动构建基于 User profile 模糊本体的过程，并把它应用在推荐系统中，提高学习者的个性化学习效率。

（二）电子备课

电子备课指备课过程的信息化，即利用计算机和其他现代信息技术，以多种媒体信息作为素材，以操作电子文件的方式查阅资料，或制作能够更好地表现所讲授内容的文字、声音、图形和图像文件，最后以适当的方式将其有机集成在某种介质上。电子备课具有以下特点与优势。

（1）电子资料范围广。

（2）备课效率高。

（3）多媒体形式生动形象。

（4）不同学校、学科的教师交流方便。

（三）信息服务

Internet 以一种特殊的顾问身份为用户提供全方位的信息服务，教育信息也是其中之一，它能诊断和评价教育中存在的问题，帮助用户找到解决问题的方案。用户通过 Internet 获取教育信息的同时，也分享了自己的观点和资源，从而促进了教育信息网络的不断完善。

（四）知识存储与共享

网络教育资源的开发并不能增加知识本身的数量，但它能大大提高知识积累的质量，实现对知识的高效利用。它把原本无序的、零散的知识加以科学组织，使之系统化、条理化，学习者因而能对积累的内容有更为深刻的理解和认识，并能借此发现新问题，产生新想法，得到新启示，实现真正的创新。

(五)模拟体验

Internet 如同一个虚拟的世界,网络教育资源以非线性的、更符合人类思维习惯的方式进行组织,既包括静态的数字资源,又包括由人的交流与交互所形成的社会化氛围,这些氛围来源于现实中的人,因此,它与现实社会有相似性,每个人以自由化的方式演绎个性活动,在网络上的信息活动是一种虚拟的体验,既可以是现实生活学习的模拟,也可以是对未来的幻象。①

第三节 现代远程教育的课程开发

一、现代远程教育课程开发的组成人员

现代远程教育课程开发的组成人员包括以下几类。

(一)课程开发主管

课程开发主管主要进行课程开发规划、组织协调课程开发工作,为学生提供有效学习环境,审定导学方向、辅学渠道及策略。

(二)课程内容专家

如课程内容专家是编撰课程内容的科目专家,他们编写符合远程教育特点的内容,完成课程文字主教材的编制,并注重课程内容及其准确性。

(三)课程责任教师

课程责任教师也是专业老师,主要进行教学设计,从传统的

① 王继新,李书明.远程教育原理与技术(第二版)[M].武汉:湖北科学技术出版社,2013.

以面授为主转为以教学资源的建设和导学、辅学为主，负责拟定课程教学大纲、教学要求、作业及考核方法，准备复习资料，设计及制作课件，批改作业等。

（四）媒体技术专家

媒体技术专家以最优的技术配合课程开发的相关技术人员，从而参与远程课程制作。

（五）学习支助人员

学习支助人员主要负责分发学习资料、组织学习活动、联络答疑、反馈各方信息、进行学生思想上的教育工作等。

远程教育课程开发需要团体合作，集中各方优秀的人员，通过精细的分工和协同合作来提高课程质量。

二、远程教育课程开发的模式

（一）双子系统互动模式

双子系统互动模式是适合于现代远程教育的课程开发模式，开发模型如图 6-1 所示。

该模型主要由“课程学习材料制作子系统”（简称制作系统）和“课程支助服务子系统”（简称支持系统）两个部分组成。

制作系统类似于一个“制造部门”，由某一领域专家在学习心理学家、课程专家、教育技术专家、媒体制作专家等人员的协助下共同完成学习材料的设计制作，并向远程教育的消费者提供课程产品。

支持系统像一个“服务部门”，负责为参与的学习者提供各类学习支助服务，帮助他们更好地使用课程产品，获得期望的知识和能力。

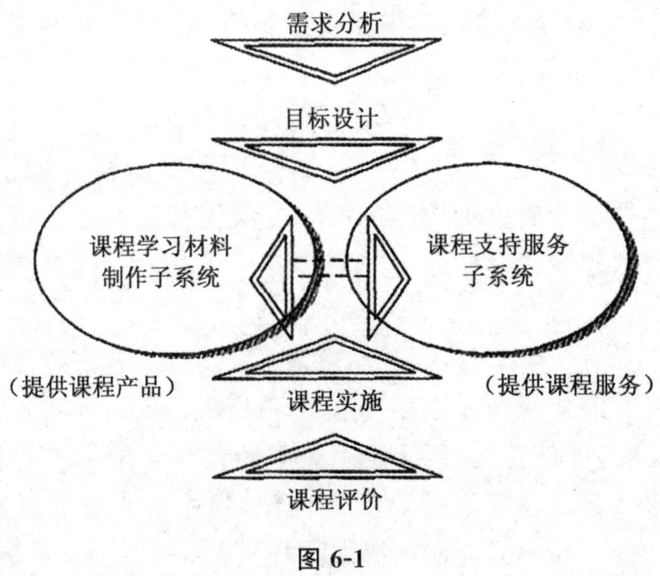

图 6-1

此外，一个完整的远程教育课程开发系统还应该在两个子系统中融合需求分析、目标设计、课程实施、课程评价等所有功能，使之成为一个功能齐全的完整系统。

（二）课程组模式

如英国开放大学采取课程组开发模式。英国开放大学的特色是拥有高质量的媒体教材，而且得到了国际远程教育界的一致推崇，这与开放大学实行的课程组组织创作模式密不可分。为确保高质量的媒体教材，英国开放大学在学生自主学习的系统性教材上投入了高额资金。完整的课程媒体主要包括文字教材、录音带、录像带、DVD、网上教材，以及直观实物、实验箱等。课程媒体建设采用课程组模式，课程组成员分工明确，人员构成如图 6-2 所示。

运作良好的课程组具有以下几个特点：

(1)有民主气氛。

(2)每个成员都有最大的自由和责任心。

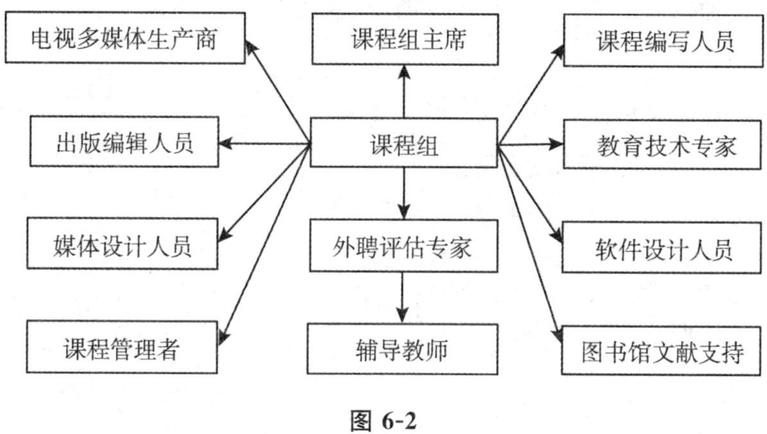

图 6-2

(3)成员有一定的时间保证。

(4)课程组主席具有领导能力。

(5)学术声誉良好等。

第四节 现代远程教育的教学系统及其设计

一、现代远程教育的教学系统的构成

现代远程教育的教学系统由多个不同功能的模块或子系统构成,如图 6-3 所示。

下面具体分析远程教育教学系统的组成部分。

(一)远程授课子系统

远程授课子系统是远程教育教学系统的重要组成部分之一,其以多媒体技术和计算机网络技术为支撑,集合了多媒体视频和音频效果,提供了多种形式的多媒体素材,而且检索功能强大,教师可以根据需要制作教程和教案,也可以对教程内容随时进行增删和修改。学生还可以通过 Internet 以课程点播的方式进行学习,不受时空束缚。

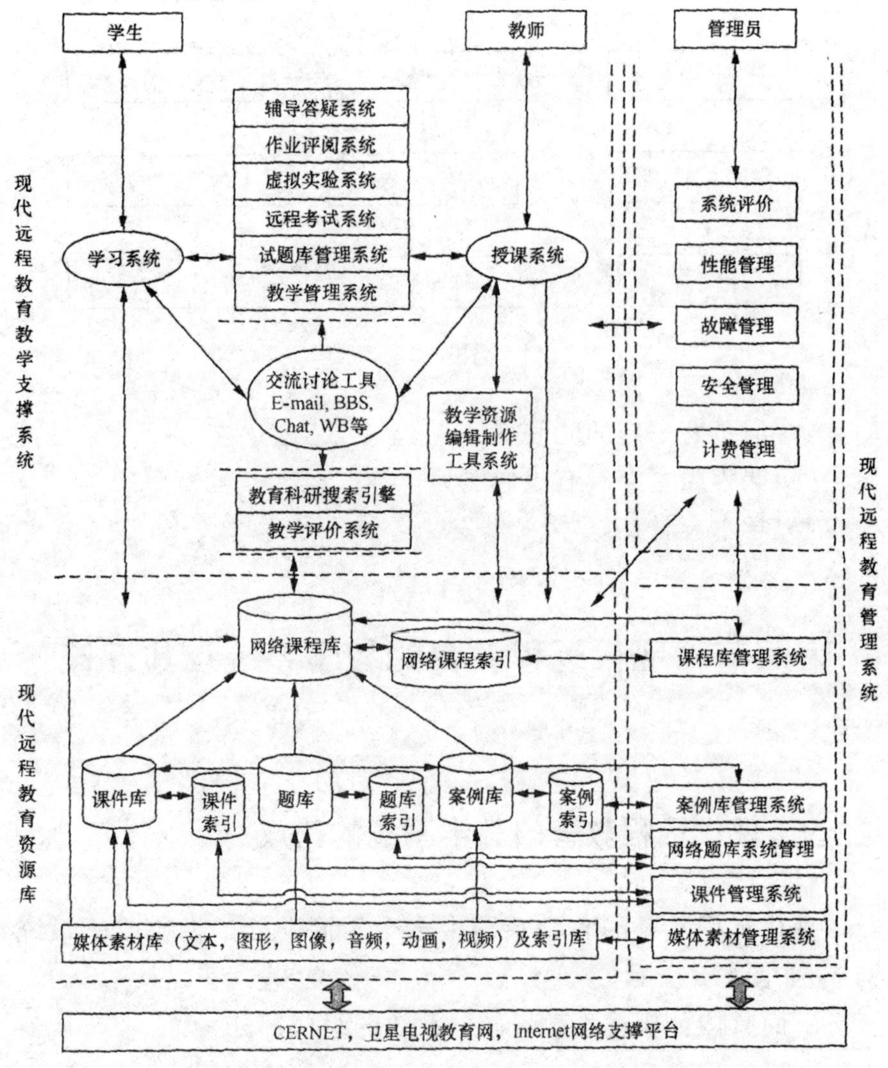

图 6-3

远程授课子系统的结构如图 6-4 所示。

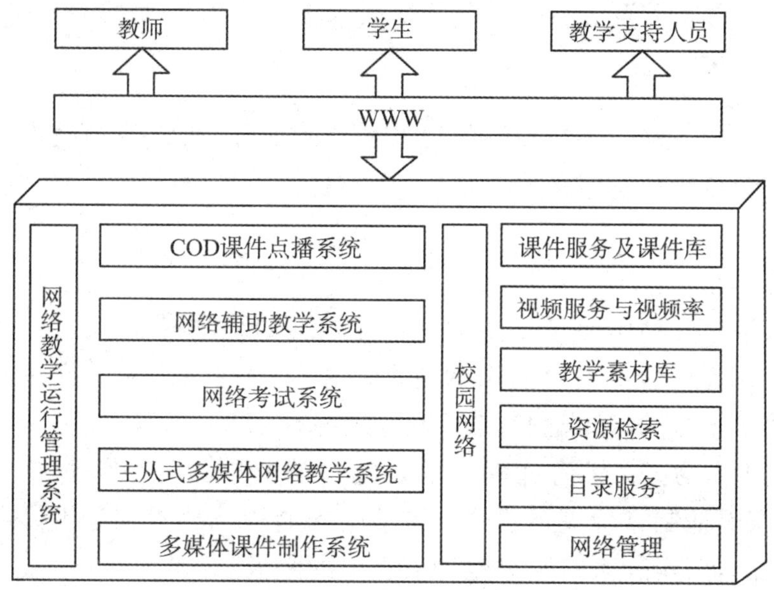

图 6-4

（二）自主学习子系统

自主学习子系统是支持学生利用远程教育系统学习材料进行自主学习的系统，具有不受时空限制和学习方式灵活等优点。自主学习子系统的学习材料通常包括教学网页、课件、视频点播等。

1. 教学网页

这是由专门的教师或技术人员编写的电子教材，其包含的教学内容非常丰富，提供的教学方式生动有趣，还能够实现师生交互的目的，教学网页还提供了最为简捷的访问方式。

2. 课件

课件是由专门教师或技术人员编写的电子教材，它同样也提供了声音、图像、动画、文字等多媒体信息组成的教学内容。但课件通常是一个应用程序，只要本地终端与教学服务器建立了连接，学习者就可以在本地终端上直接运行该程序来学习。这是课件与教学网页的一个区别。

3. 视频点播

这是一种受用户控制的视音频分配业务，将视音频教学材料预先储存在教学服务器上，供用户随时访问学习。

(三)学习支助服务子系统

学习支助服务子系统的功能主要是远程教学院校及其代表教师为远程学生提供的以师生之间或学生之间的人际面授和基于技术媒体的双向通信交流为主的各种信息、资源、人员和设施的支助服务。[①] 任何远程教学系统中的支助服务系统都是独特的，应因地制宜地进行建构。支助服务的构成要素理论上几乎是无限的，而实际系统则只能提供有限的服务。

(四)学习测评子系统

完整的远程教育系统必须具备学习测评系统。常见方式有：师生之间利用 E-mail 来布置与提交作业；利用 www 服务进行网上在线测试等。

基于网络的远程教育测评系统由试题库、测验试卷的生成工具、测试过程控制系统和测试结果分析工具、作业布置与批阅工具等组成。

(五)远程教学管理子系统

教学教务管理在远程教育系统中居于重要的地位，主要作用表现为调配教学资源、组织教学活动、总结教学数据等。教学管理系统使教学计划顺利实施，并及时、准确地反映教学现状，分析教学效果，同时促进教学管理过程的现代化和管理的规范化。

教学管理可划分为课程管理、教务管理和系统管理三个相对

---

① 王继新，李书明．远程教育原理与技术(第二版)[M]．武汉：湖北科学技术出版社，2013.

独立的模块，为师生、管理人员提供优质服务。

现代远程教育教学管理落实在学生完成学业过程的管理上，包括学籍管理和课堂教学管理。

以上不同功能的子系统在远程教育教学活动中起着不同的作用，它们之间相互配合、相互补充，共同实现远程教学。

二、基于混合 P2P 技术的现代远程教育的教学系统设计

对等网络(Peer to Peer，简称 P2P)也称为“对等连接”，是一种新型的通信模式，每个参与者都具有同等的能力，可以发起一个通信会话。P2P 依据中央化的程度可分为纯 P2P、杂 P2P 和混介 P2P。

纯 P2P 的主要特点是节点同时作为客户端和服务器端；没有中心服务器。

杂 P2P 的主要特点是有一个中心服务器保存节点的信息并对请求这些信息的要求做出响应；节点负责发布这些信息。

混介 P2P 同时具有纯 P2P 和杂 P2P 的特点，其结构如图 6-5 所示。

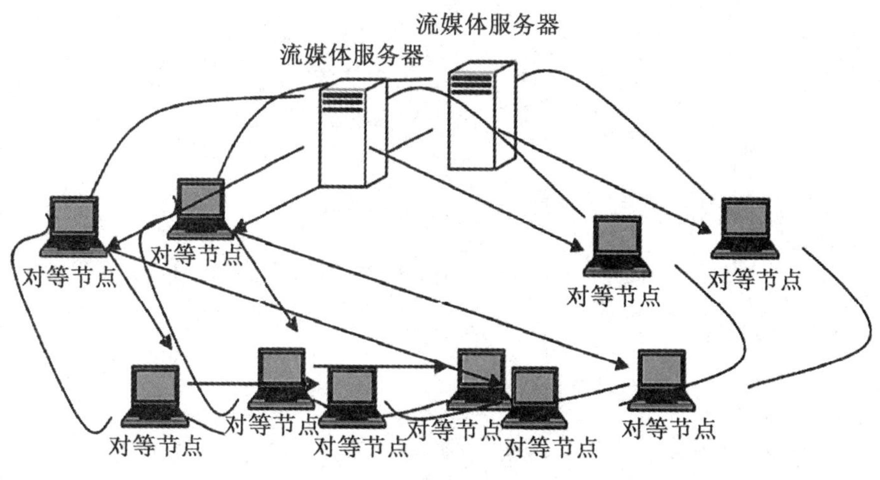

图 6-5

(一)系统功能的设计

系统功能的设计包括客户端功能的设计和服务器端功能的设计,客户端主要功能包括:用户注册与登录、留言板留言、资源下载和共享、视频播放等。在系统的资源下载和共享功能中将采用混合 P2P 技术。客户端主要功能如图 6-6 所示。

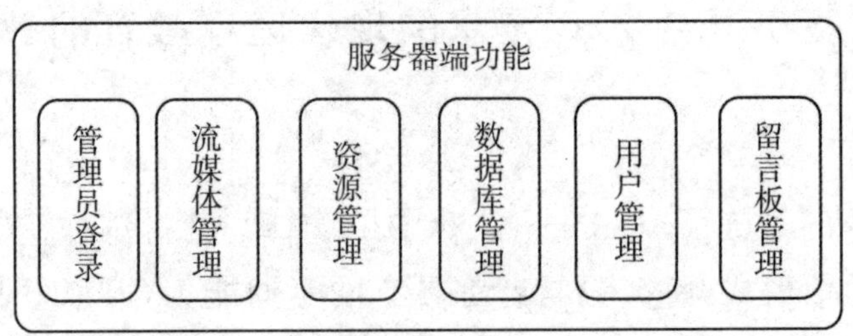

图 6-6

系统服务器端的功能包括:管理员登录、资源的发布、更新与删除、客户端用户管理、数据库管理、流媒体管理等。服务器端主要功能如图 6-7 所示。

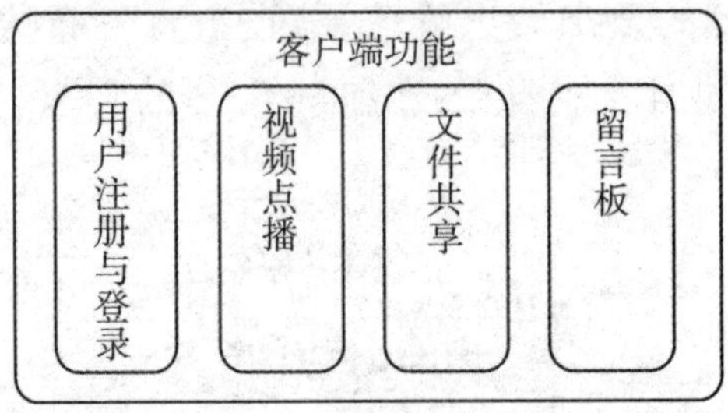

图 6-7

(二)系统模块的设计

系统模块的设计主要包括文件共享模块和视频点播功能模块的设计。

1. 文件共享模块的设计

借助混合 P2P 网络模型信息资源共享的优点,客户节点从服务器下载的各种资源,可以共享给其他客户节点来使用。随着网络规模的不断扩大，客户节点数量越来越多，找到节点所需资源的概率就会越来越大，从而使整个网络的规模可以无限扩大，不会出现服务器瓶颈问题。

系统在资源的选择上采用了混合 P2P 模式，由一台核心服务器为用户提示查找资源信息的服务，并且给用户返回资源的存放地址或节点的 IP 地址、主机名、通信端口等信息，之后再由用户去下载该资源。同时客户也可以申请成为上传节点，服务器端收集各个申请用户共享的资源信息以及该机的 IP 地址、端口号等信息，再把信息保存在数据库中供其他用户查询。

系统的文件共享和下载功能采用客户节点方案来实现，客户节点方案包括节点上传和节点下载功能。在节点上传文件中，首先用户需申请成为系统的上传节点，并设置好自己的 IP 地址。系统自动搜索此用户已下载的文件相关信息，并自动与数据库中的资源匹配，匹配成功的文件信息将被添加到客户端节点信息列表中。如果有用户对该节点发出文件下载请求，系统根据当前需要下载的文件名，使用 Socket 字节流进行传输。在下载功能中，用户需向服务器提供要查询的资源 ID，由服务器返回的节点信息，判断是否存在与当前请求有关的节点信息，如果有，系统客户端将会自动选择返回的所有节点中最快的一个进行连接。然后请求访问指定的资源，系统结构如图 6-8 所示。

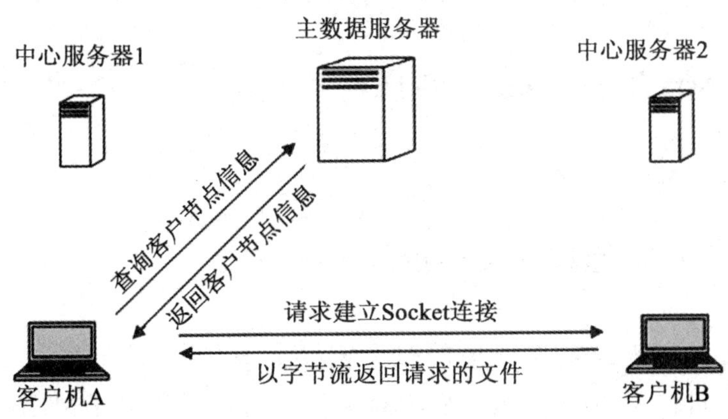

图 6-8

如果没有相关的节点信息，系统则选择从中心服务器进行下载，此时需要多台 Web 服务器用于存放资源。

2. 视频点播功能模块的设计

VOD 即视频点播，是一种交互式多媒体信息点播系统，其本质是信息使用者可以根据自己的需求主动获取多媒体信息。基于混合 P2P 技术的视频点播系统的设计原则是用户既作为客户端又作为服务端而存在，VOD 的用户在作为资源消费者的同时也是资源的提供者。VOD 系统的核心是视频服务提供商，它主要提供视频节目源，并对视频服务系统进行管理。

基于混合 P2P 技术的视频点播功能模块可以解决同时刻多客户端点播引起的瓶颈问题。VOD 点播的大体流程如下。

假如有客户端节点需要收看流媒体时，首先向服务器提出申请，经过系统认证后，流媒体服务器便开始查找缓存有请求内容的在线客户端节点列表，选择一个没有为其他客户服务的空闲节点返回给请求者，并置其状态为正在使用；请求节点得到服务提供者的地址以后，开始向提供者请求提供流媒体内容。若找不到空闲节点，则流媒体服务器直接为请求节点提供流媒体内容。若服务器负载已达到饱和，则拒绝节点请求。

第五节　现代远程教育的评价与管理

一、现代远程教育评价的主要方式

现代远程教育评价是按照一定社会发展的要求所确定的远程教育目标和方针、政策，对各种远程教育活动的状态和效果、完成任务的情况和教育对象的发展水平进行科学判定的过程。[①] 远程教育评价的方式主要有三种，如图 6-9 所示。

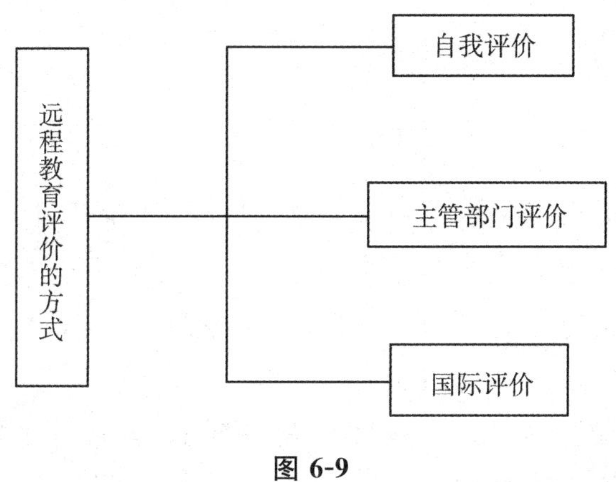

图 6-9

(一)自我评价

自我评价是指评价对象自身主持的评价，评价对象既可以是学校、部门等一个单位；也可以是教师、管理人员、教材编制人员等个人。

自我评价既可以作为评价对象总结和改进工作的一种手段，又可以用于特定目的或为其他方式评价做准备。自我评价既可以是对自身的全面评价，也可以是对某一方面的局部评价。自我评价活动还可以请有关专家、同行或其他人员参与。

自我评价可以结合日常工作进行，而且能比较深入地收集信息和分析评价。但这种评价容易受到主观局限，且无法与同类对象对比。

(二)主管部门评价

主管部门评价是由评价对象所在部门或上级主管部门主持的评价。主管部门评价的作用如下。

① 王继新，李书明. 远程教育原理与技术(第二版)[M]. 武汉：湖北科学技术出版社，2013.

(1)主管部门可以按既定目标和要求来衡量评价对象,从而发现优势,揭示不足,并据此改进管理工作。

(2)便于评价对象对自己的成绩与不足有更加全面、客观的认识,以更好地改进工作。

(三)国际评价

国际评价可以是国际有关组织主持的评价活动,也可以是被评价对象邀请国际有关组织或国际各界人士所进行的评价。国际远程教育的总体、国际远程教育的地方或学校等都可以作为评价对象。

与国内评价相比,国际评价是一种具有更高水平的评价活动。这种评价方式具有以下特征。

(1)在国际远程教育的相互比较中审视评价对象的水平、成就、特点与不足,使评价对象能在更高水平上全面认识自身的成败得失,从而更好地总结工作经验,调整发展规划,改进工作,提高水平。

(2)为各国交流经验提供便利条件,促进各国远程教育专家相互学习。

(3)为各国开展有关远程教育项目的合作提供了信息和机会,有利于促进各国远程教育水平的进一步提高。

二、现代远程教育管理的分类与模式

(一)现代远程教育管理的分类

科学的管理是保证质量的前提,远程教育管理是远程教育质量的重要保证。远程教育管理要求参与远程教育的管理人员充分利用远程教育管理系统中的各类资源,通过共享、交流与协作,最大限度地发挥远程教育管理的功能,促进远程教育的发展。

从远程教育管理对象的层次结构来看,远程教育管理主要分为以下两类。

1. 远程教育行政管理

教育行政管理将整个国家的远程教育系统作为研究对象，主要指各国各级政府及其教育行政部门应用立法、行政、财政等手段，对各级各类远程教育院校机构进行规划、组织、指导和控制，使有限的远程教育资源得到合理的配置，以实现远程教育管理目标的最优化。①

2. 远程教育学校管理

远程教育学校管理以远程教育院校机构为实施主体，主要涉及远程教育院校内部的组织结构和功能，远程教育院校与社会环境的关系以及各种行政的、教学的和人员的管理。

远程教育学校管理又包括多项管理内容，如远程教育教学管理、远程教育资源管理及远程教育人员管理等。

（二）现代远程教育管理的模式

常见的现代远程教育管理模式有以下几种。

1. 自主管理

自主管理模式的主要形式为独立函授学院、传统大学中的独立函授学院、自治的多种媒体教学的远程教学大学和独立设置的网络大学或虚拟大学等。

此外，我国的中国人民大学函授学院、同济大学函授学院等也属于这种自主管理模式。这些学院的函授教师队伍相对独立且比较成熟、经验丰富，他们自主组织实施完整的远程教育全过程和远程教学教务管理，主要包括课程设置、学生注册、教学辅导、学籍管理、考核发证等。

---

① 王继新，李书明．远程教育原理与技术（第二版）[M]．武汉：湖北科学技术出版社，2013.

2. 多体协作管理

多体协作管理模式指多个远程教育机构相互协作提供远程教育，在行政管理方面，这些协作机构地位平等，没有层级之分。多体协作管理模式既包括单一模式院校之间相互协作构成的系统，也包括双重院校的多体合作系统。

3. 多层次、多级别管理

这种管理模式的主要代表是我国广播电视大学系统和法国国家远程教育中心。

我国的广播电视大学系统实行“统筹规划、分级办学、分级管理”的体制，包括五级结构，分别是中央广播电视大学、省级广播电视大学、地市级广播电视大学、县级广播电视大学工作站和基层广播电视大学教学班，实行多层次教学和管理。各级广播电视大学在行政上归属同级政府主管部门领导，在教学和教学管理业务上接受上级广播电视大学的指导。

4. 综合一体化双重院校管理

这种模式是校内传统高等教育与校外远程教育一体化的综合模式，以澳大利亚为代表。澳大利亚大学具有校内教育与校外教育一体化的特征，同等对待校园内学生和校园外远程教育学生，两类学生的交费一样，教学计划、课程设置、课程材料、接受的教学和辅导、完成的作业等都是相同的，通过统一考试，给予相应学分和授予相应的学位证书。

第七章　现代教育技术在课堂教学中的运用

随着教育信息化的不断发展与基础教育的深入改革，将现代教育技术充分融入现代课堂教学中，并充分利用教育技术进行课堂教学改革，对提高课堂教学效率与教学效果具有重要意义。本章主要对现代教育技术在课堂教学中的运用进行研究，主要内容包括现代教育支持下的课堂教学设计、课堂教学模式、微课教学、翻转课堂以及混合式教学。

第一节　现代教育技术支持下的课堂教学设计

一、现代教育技术支持下的课堂教学设计的概念

现代教育技术支持下的课堂教学设计也就是信息化课堂教学设计，指的是将现代信息技术和信息资源充分利用起来，对课堂教学过程的各个环节和要素进行科学安排，以为学习者提供良好的信息化学习条件，优化教学过程和提高课堂教学效果的系统方法。还有一种类似的观点，即现代教育技术支持下的课堂教学设计指的是运用系统方法，以学生为中心，将现代信息技术和信息资源充分利用起来对各个教学环节与要素进行科学安排，以实

现课堂教学过程的优化。①

在现代教育技术支持下进行课堂教学设计，能够对学生的信息素养、学习能力、创新精神以及实践能力进行培养，使其学业成就不断提高，并使他们最终成为自觉主动的终身学习者。信息化教学设计要求教师对现代信息技术能熟练应用，能够以信息技术为支撑开展各环节的教学工作，在课程教学中充分发挥信息技术和信息资源的作用，以优化教学效果。信息化教学设计同时还提倡教师在信息化教学中对学生的思维能力、探究意识进行培养，通过创设问题情境的方式激发学生思考，设计教学问题是信息化课堂教学设计中的一个重要环节。

二、现代教育技术支持下的课堂教学设计的原则

现代教育技术支持下的课堂教学设计应贯彻如下原则。

第一，以学生为中心，教师对学生的学习过程进行引导、监督、控制与评价，并培养学生的学习能力。

第二，作为学习的促进者，教师应将各种信息化教学资源充分利用起来对学生的学习行为予以支持。

第三，在学习过程中以“任务驱动”和“问题解决”为主线，在意义丰富的情境中将学习策略与方法传授给学生。

第四，强调协作学习，如师生之间、学生之间以及教师之间的协作，利用信息化学习资源进行跨学科、跨年级等多种形式的学习等。

第五，教学评价要面向学习过程和学习资源。

三、现代教育技术支持下的课堂教学设计的评价标准

信息化课堂教学设计的好坏，可参照以下标准来评价。

---

① 廖守琴．现代教育技术基础[M]．北京：科学出版社，2016.

（一）信息技术与课程教学合理整合

（1）采用的信息技术和学生学习有明显关联。

（2）技术的应用是教学计划成功实施的必备条件。

（3）教学计划实施中因为在研究、发布和交流中应用了计算机工具而更加顺利。

（二）有利于提高学生的学习效果

（1）学习目标明确，表述清楚。

（2）学习目标与课程标准相关要求相符。

（3）能激发学生的兴趣，有利于培养学生的学习能力、高级思维能力和信息处理能力。

（4）充分考虑学生的个体差异，并有针对不同学习者的学习成效评判标准。

（三）能有效评价学生的学习过程

（1）教学计划中包括务实的评价工具。

（2）学生学习目标和学习成果评估标准密切相关。

（四）教学计划的实施简单易行

（1）教学计划能够灵活修改，以适用于不同的教学对象。

（2）教师能熟练应用教学计划中涉及的教育技术，软硬件支持力度强。

四、现代教育技术支持下的课堂教学设计的过程

在对信息化教学设计的过程进行研究之前，先简单了解一下一般教学设计的过程。学习理论是教学设计的主要理论基础，以学习理论为指导的教学设计主要有三种类型，分别是以“教”为中心、以“学”为中心及“学教并重”的教学设计。这三类教学设计的设计过程分别如图 7-1、图 7-2 和图 7-3 所示。

确定教学目标
分析教学目标
（确定教学内容与教学顺序）
分析学习者特征
（确定教学起点，以便因材施教）
选择教学方法、策略
选择与设计教学媒体
形成性评价
修改和调整
结束

图 7-1

确定学习主题
情境创设
信息资源设计与提供
自主学习策略设计
组织协作学习
组织与指导自主发现，自主探究
学习效果评价
结束

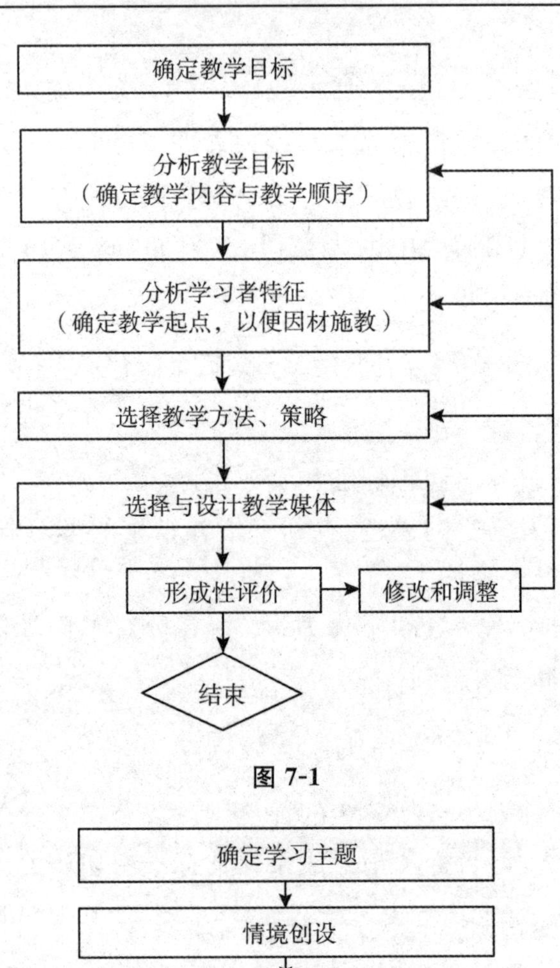

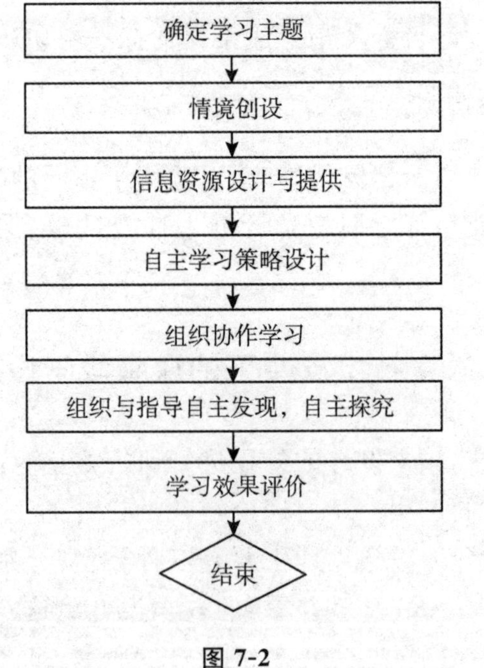

图 7-2

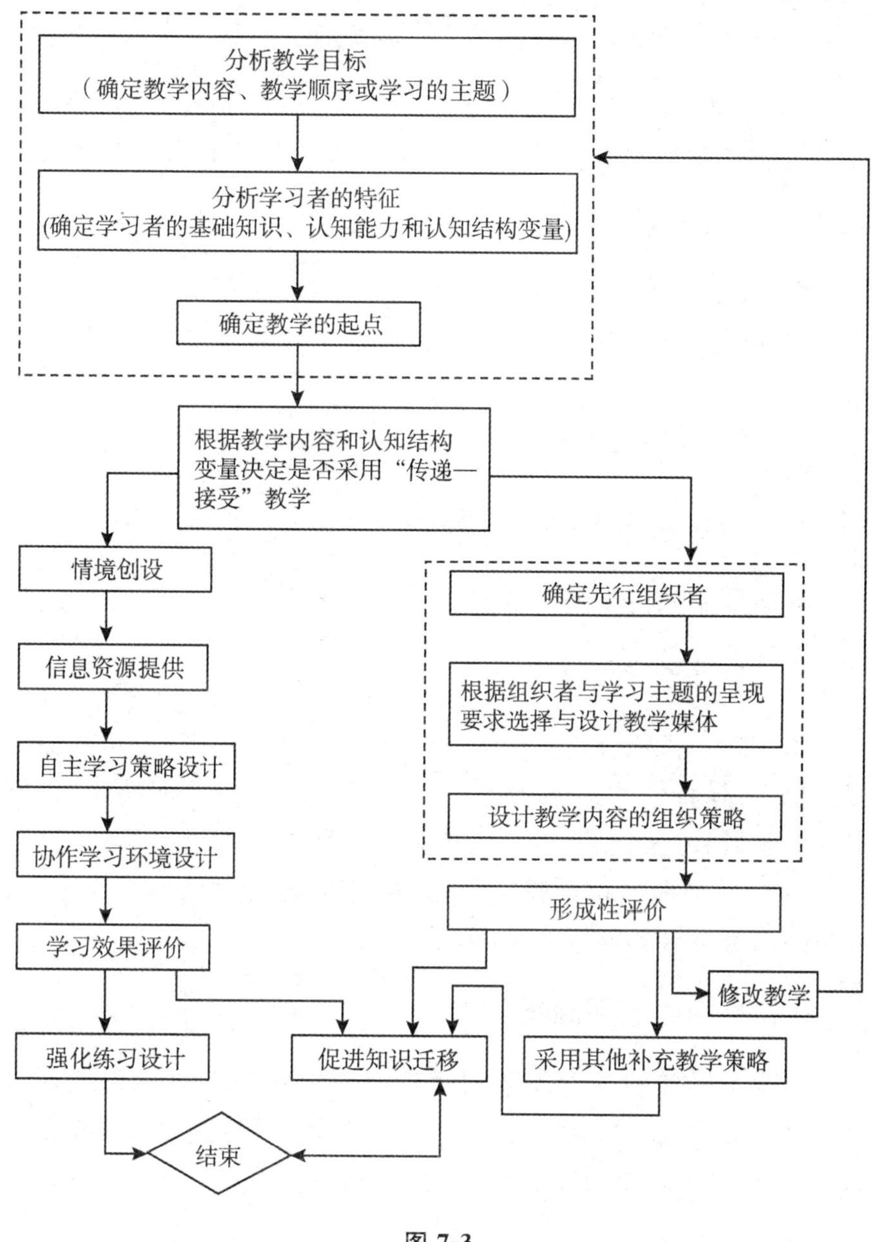

图 7-3

现代教育技术支持下的课堂教学设计可参考一般教学设计的流程，同时要结合信息化教学环境进行设计，整个设计过程主要包括 8 个模块，如图 7-4 所示。

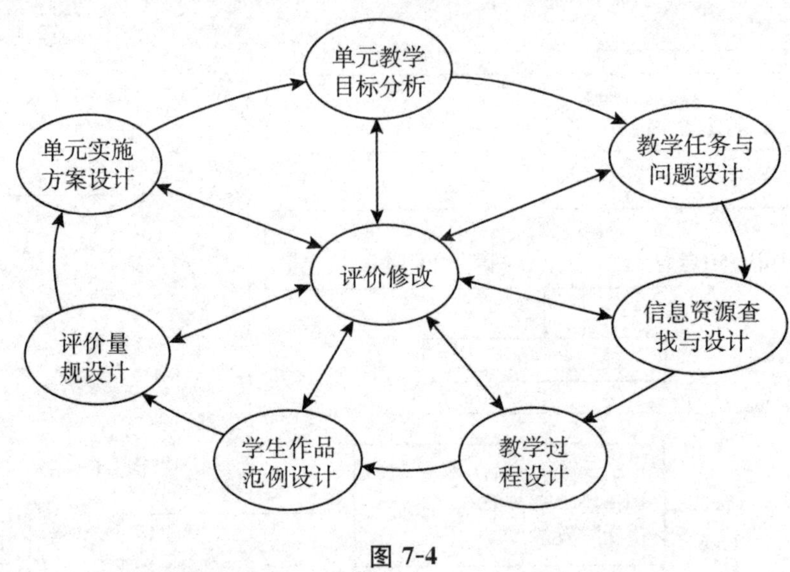

图 7-4

下面具体分析上图所示的 8 个设计环节。

(一)单元教学目标分析

单元教学目标分析是信息化课堂教学设计的第一步,教师分析教学目标,将学生应达到的水平明确下来。在目标设计中,要对认知领域、方法领域、情感领域 3 个领域的目标进行综合考虑,使学生充分掌握知识与技能,对其情感态度、价值观、实践能力、人格品质等综合素质进行培养。

(二)教学任务与问题设计

对教学任务和教学问题的设计要以单元教学目标为依据进行,任务要真实,问题要与实际结合,具有针对性,使学生带着任务或问题进行学习,以激发学生的学习动机和寻找答案的积极性。

(三)信息资源查找与设计

以学生的学习水平和已经设计的教学任务和问题为依据,确定以何种方式向学生提供学习资源。信息化学习资源的提供方式具有多样化、立体化、多媒体化等特征,突破了书本知识的局限，既有课本资源，也有网络资源，同时还有其他类型的资源。

在信息资源查找与设计环节，教师可以向学生提供现成资源，这需要教师先将相关资源查找与整理出来，并评价资源的可靠性与真实性，将最真实、可靠的资源提供给学生。教师还要根据教学需要对资源列表进行设计，为学生查阅资料提供方便，促进学习效率的提高。

此外，教师也可引导学生从自身需要出发对资源进行查找，但教师要提前说明要求，使学生有目的地查找资源。

（四）教学过程设计

从整体出发梳理课堂教学过程，使每一步都合理有序。这个环节要遵循适应性、新颖性的设计原则，不管是组织课堂教学，设计课堂教学活动，还是使用信息化教学工具，都要确保简便易行，教具要体现多元化和创新性，使不同学生的需要得到满足。一般要以文字形式呈现关于整个教学过程的信息化教案。

（五）学生作品范例设计

在信息化教学过程中，如果学生的学习任务是完成电子作品，则教师需提前将电子作品范例制作出来供学生参考。教师应立足于学生视角设计这个范例，应考虑学生现有的制作水平和希望学生达到的制作水平，使学生通过努力可以完成这个任务。教师展示电子作品范例后，学生会初步形成对这个学习任务的感性认识，并按要求去制作电子作品。

需要注意的是，教师要提醒学生不要完全参考教师呈现的范例，避免学生形成思维定式，要鼓励学生充分发挥自己的个性与创造性，设计有创意的电子作品。

（六）评价量规设计

量规是结构化的评价工具，在信息化学习尤其是电子作品的评价中，这个方法起到重要作用。利用这个定量评价方式，能够对学生的电子作品从内容、技术、科学性、艺术性及创意等角度进行全面化的评价,使评价的可操作性更强,评价结果更客观、准确。

设计量规应对学生的整个学习过程、电子作品的完成情况等因素该进行充分考虑,具体评价方式有学生自评、教师评价和学生互评。

(七)单元实施方案设计

教学实施方案应包含以下内容。

(1)方案实施的时间安排。

(2)学生分组方法。

(3)上机时间的安排。

(4)要准备的文档。

(5)可能用到的软硬件及替代方法。

(八)评价修改

学习过程是一个动态变化的过程,充满不确定性与复杂性,在信息化课堂教学设计过程中,要随时做好评价修改的准备,将评价修改贯穿到整个教学设计过程中。只有不断评价、获得反馈,再合理调控教学过程,才能提高教学效果。

第二节 现代教育技术支持下的课堂教学模式

一、自主学习模式

(一)模式概念

1. 自主学习的概念与内涵

关于自主学习的定义,学术界可谓众说纷纭,不同学者提出了不同的观点，目前还没有一个统一的说法。例如，庞维国指出，学习者主动调节和控制整个学习过程或学习的各个方面就是学生自主学习。钟启泉等人认为，自主学习从学习过程角度来看是一种具有导向功能和调节功能的学习方式。虽然不同学者从不同角度、维度提出了自己的不同看法，但从中折射出的内涵却是比较一致的，具体包括以下几点内涵。

第一，自主学习不能与积极主动学习完全等同，自主学习强调学生主动选择与控制学习的各个方面。

第二，自主学习不能与独立学习完全等同，学生在自主学习过程中可能会向他人求助。

第三，自主学习中的“自主”是一个相对的概念，某次学习是完全自主，还是不完全自主，难以判断。

2. 自主学习模式的概念

从自主学习的内涵来看，自主学习模式指的是学习者独立自主或在他人指导下，对自己的学习进行独立选择和决策，并进行自我调控与管理的学习过程。①

（二）操作程序

自主学习模式的操作过程如下。

(1)自主计划任务，包括目标设置和自我动机。

(2)自主监控过程，包含自我观察和自我控制。

(3)自我总结反思，包括自我判断和反思改进。

① 陈斌．现代教育技术[M]．北京：北京师范大学出版社，2017.

二、小组协作模式

（一）模式概念

知识分散在不同地方或不同人脑中，对知识的共同建构是通过协作组的互动及各种不同群体的组合而实现的，这是分布式认知理论的基本观点。知识的社会化建构需要依赖协作学习。小组协作模式指的是教师组织学生以小组或团队的形式进行学习，且学生之间通过对话、商讨、争论等方式来充分论证学习问题，从而完成小组学习任务、达成小组学习目标的过程。[①]

（二）操作程序

小组协作学习模式的操作步骤如下。

（1）创建小组，选择主题。

（2）任务分解，明确分工。

（3）协商讨论，完成作品。

（4）展示成果，评价反馈。

三、情境探究模式

（一）模式概念

探究学习指的是学生在教师的指导下主动发现问题，用与研究类似的方法来分析和研究问题，并探索解决问题的方法，以获得新知识技能的活动。在一定情境中的知识可以将学生的学习兴趣和动机激发出来，促进学生发挥主观能动性，主动发现和提出问题，从而掌握知识和技能，这是情境认知理论的基本观点。

① 陈斌．现代教育技术[M]．北京：北京师范大学出版社，2017．

从这一观点出发，可以了解情境探究模式的概念，即教师创设一定的教学情境，通过有效的途径（观察、实验、阅读等）引导学生发现问题，将教学内容置于问题情境中，使学生在分析和解决问题的过程中获得新知识的教学活动。①

（二）操作程序

情境探究模式的操作步骤如下。

1. 创设情境

创设的情境具有趣味性、挑战性，且与学习内容密切相关。

2. 提出问题

提出的问题具有启发性、与教学内容密切关联。

3. 开展探究

学生利用教师提供的信息化学习资源和工具自主探究或小组合作探究。

4. 总结反思

学生在教师的引导下反思探究过程，总结收获和经验，发现问题，不断完善。

四、任务驱动模式

（一）模式概念

任务驱动模式指的是在教学任务的驱动下，学生将各种有效的教学资源利用起来，通过自主学习、合作学习、探究学习等方式

① 陈斌．现代教育技术[M]．北京：北京师范大学出版社，2017.

获得知识与技能的教学活动。教师在采用这一模式进行教学的过程中,提出的学习任务的难度应不断增加,将学习内容隐含在任务中,学生逐步完成每项学习任务后,实现对新知识的意义建构。[①] 任务驱动模式的实施过程其实也是引导学生不断探究(发现、分析和解决问题)的过程,学生掌握新知识与新技能的程度最终通过作品呈现出来。

(二)操作程序

任务驱动模式的操作步骤如下。

1. 创设情境

基于学生的真实生活创设情境,将学习任务隐含在情境中。

2. 设计任务

(1)明确设计目标。
(2)任务具有开放性、挑战性、启发性。
(3)留给学生思考、探索、交流的空间。

3. 完成任务

学生通过搜索网络信息和资源,并利用学习材料和各种工具来创作作品。教师要给予指导,如划分完成任务的步骤,提供范例等。

4. 成果交流

教师组织学生进行成果交流,让学生总结经验,反思学习过程,并鼓励学生发挥创新思维。

---

① 陈斌.现代教育技术[M].北京:北京师范大学出版社,2017.

第三节　现代教育技术支持下的微课教学

一、微课与微课教学简述

（一）微课

微课起源于1960年，当时美国爱荷华大学附属学校提出了微型课程，后来可汗学院与TED-Ed，将微型网络视频带入人们的视野，这种微型课程教学模式逐渐在教育领域中活跃起来。最近几年来，MOOC等网络课程的出现对微课的发展起到了促进作用。

1. 微视频

作为微课的核心内容，微视频可以说是给学生呈现学习内容的最直接的形式，其特点如下。

（1）目标明确，主题突出。

（2）内容短小精悍。

（3）情境真实，资源丰富。

（4）便于获取、学习。

2. 微课程

微课程除了具有上述微视频的特征外，还具有自身的独特性，表现如下。

（1）更新快，便于扩充。

（2）关注学习主体的发展。

（二）微课教学

微课教学是教师将微课的资源整合到日常课堂中，根据学生的学习特点和学习进度，将微课资源与普通课堂相结合，从而实施教学的过程。①

二、微课教学的设计与程序

(一)微课教学的设计

1. 设计原则

微课教学的设计原则如下。

(1)微课教学设计应遵循动静结合的原则。

(2)微课教学设计应遵循自主探究的原则。

2. 设计要点

微课教学设计要点如下。

(1)微课教学设计应合理设置课程目标。

(2)微课教学设计应明确教学重难点。

(二)微课教学的程序

微课教学的实施步骤如下。

1. 微课程学习视频的制作

在这一环节，应将教学重点和难点牢牢抓住，基于对重难点的把握来制作具有趣味性、引申性、互动性及时间大约为 5～10 分钟的视频。视频要便于师生互动交流，从而使教师与学生共同改进课程内容。

2. 课堂学习形式和方法的设计

通过微课教学，可以使学生在课堂上自主探讨和内化，在课外学习丰富的知识，并有效整合，提高学习效果。

---

① 景亚琴．信息化教学[M]．北京：国防工业出版社，2014.

3. 教学过程的评价

评价教学过程的设计、内容、方法以及成效等各个方面，及时调整微课教学方案，完善微课教学过程，提高微课教学质量。

三、微课设计案例——以《计算机网络与应用》课程为例

制作微课容易，做优秀的微课就需要花费一定的工夫，为避免微课“为做而做”“重复制作”“做而不用”的问题，有关学者根据个人网上微课的学习经历以及自己的学习经验，提出微课的设计思路，以供参考。

（一）《计算机网络与应用》课程微课设计前期分析

1. 学习目标分析

在微课设计之前，首先要明确《计算机网络与应用》课程的教学目的，深入分析课程的重点有哪些、难点是什么、如何设计能使人易学易懂，同时，对学生群体的学习能力进行分析，选择合适的方法，使微课能照顾到大多数学生，不断增强微课设计的针对性和有效性。通过对教学目标的分析，不仅仅是培养学生学会一门课程，更重要的是培养他们的学习方法，增强他们的学习能力。

2. 学习者特征分析

《计算机网络与应用》课程在各高校都有开设，学生大多数是在大学二、三年级进行这门课程的学习。微课设计者要针对这个群体的特点，采取座谈、问卷调查等形式，了解掌握学生的学习条件和个人能力，并使微课重点突出、简要得当，特别是对那些抽象的、不易理解的内容，要采取多种形式进行表述，使微课能适应大多数学生。

3. 教学内容分析

《计算机网络与应用》课程的教学内容主要包括广域网、局域网与城域网的分类、特点与典型系统以及网络互联技术和互联设备等。其教学内容较为广泛、理论相对深奥,并且要求学生要有较强的动手操作技能。

(二)《计算机网络与应用》课程微课的开发

1. 课题选择

《计算机网络与应用》课程教学内容的特点是:满篇"协议",比较抽象、难懂、空洞,它不像其他课程那样内容会具体一些。所以目前要做的就是把一些抽象的内容用较形象的微课、动画形式展现出来,这样可以激发学生学习的兴趣。可从《计算机网络与应用》这门课程中选择八个较抽象难懂的的内容,用微课来辅助课堂教学。这八个微课分别是双绞线的制作、认识虚拟局域网、DNS 服务器的安装与配置、DHCP 服务器的安装与配置、IIS 服务器的安装与配置、IP 子网的划分、FTP 服务器的安装配置以及 OSI 参考模型的工作原理。

2. 开发工具

课题用到的第一款工具是 Flash,它是一款常用的二维动画制作软件,通过脚本的编制可以实现场景的互换、页面的跳转等各项功能。第二款工具是 PhotoShop,它是一款平面图形图像处理软件,在很多领域均可以用到它,课题借助 PhotoShop 软件对整理好的图形图像材料进行裁剪、拼接、美化等一系列的处理,使其更加整洁美观。第三款工具是 Camtasia Studio,它是一款屏幕录制软件,课题借助该软件进行声音和视频的录制,课件的讲解步骤录制等系列操作。也可以对录制成的视频进行裁剪、拼接、特效制作、增加字幕、渲染等操作,使视频更加美观,可以更好地引起学生学习的兴趣,起到辅助教学的目的。

3. 开发流程

开发《计算机网络与应用》课程的微课可以通过以下三个步骤去完成。

第一，通过搜索引擎和书本查找和研究课题相关的材料，包括图片，文档，视频，音频等。

第二，采用图像、视音频处理软件对材料进行加工修改。

第三，制作课件，选择 Flash 或 WPS 软件进行课件的制作，将选择好的图片导入 Flash 的库中，将库中的材料拖至舞台中央进行动画的制作，包括传统补间，补间动画等的插入以及帧的添加删改等。针对 WPS 软件，新建好空白文档后对文字、视频、图片等进行一系列的添加、修改，借助 WPS 中强大的动画播放功能，为整个课件设置播放效果。

4. 后期处理

将制作好的课件在 Camtasia studio 软件中进行录制和讲解，录制好之后导出为 MP4 格式的视频，可对视频进行渲染、剪辑、拼接、添加特效、配乐配音等一系列操作，以达到制作目的。

第四节　现代教育技术支持下的翻转课堂

一、翻转课堂的基本阐释

从字面上来看，翻转课堂就是把课堂翻转。它的基本定义是把原来在课堂上完成的知识传递过程改为在课前完成，把原来在课后完成的知识内化过程改为在课堂上完成。[①]

① 王勇. 翻转课堂的理论与实践——基于应用型本科人才培养的探索[M]. 杭州：浙江大学出版社，2016.

翻转课堂教学模式要求让学生在课堂上享有一定的自由权，在课堂外完成“知识传授”的过程，让学生自主选择学习方式来掌握教学内容；学生要在课堂上完成“知识内化”的过程，利用课堂时间多与教师、同学沟通交流，及时解决不懂的问题。

在传统教学中，教师在课堂上通过课堂讲授的方式传递知识，学生通过完成课后作业和进行课后实践操作来内化课堂上教师传递的知识与信息。而在翻转课堂教学模式中，教师提前利用多媒体技术录制教学视频，将这些学习资料发给学生，在课前完成知识的传递，从而保证学生拥有自由的学习空间，学生的学习方式有很多，每个学生都可以根据自己的需要来自由选择，争取在课前就能比较深入地学习下节课要学的内容，从而在课堂上能够顺利完成知识内化过程，通过课堂上的相互碰撞、与师生的相互交流而更加深入地理解与掌握新知识。

在很多人看来，翻转课堂就是和传统教学形式相反，从“课上传授＋课后内化”转变为“课前传授＋课上内化”，其实这种观点不够全面，有以下两个关键部分没有被认识到。

第一，学生的深入学习真正发生在课外。

第二，课堂上的观点相互碰撞，从而引起师生在更深层次上研究问题。

学生在课前观看教师已经录制好的教学视频并进行相关练习并不仅仅是简单预习即将要学习的新知识，还有深入学习和理解新知识，这就要求教师根据学生的学习水平和已有经验来录制教学视频，要让学生可以独立完成自学，课前传授的效果甚至要比课上讲授更好。学生在自学过程中，对新知识有较深的理解，在课堂上经过各种互动与碰撞，学习层次会更加深入，对知识的理解与把握会更加深刻。

还需要注意的是，翻转课堂不同于在线视频，翻转课堂使面对面的互动学习过程更加有效，这是这种教学模式最重要的价值。

图 7-5 直观地显示了翻转课堂与传统课堂的区别。

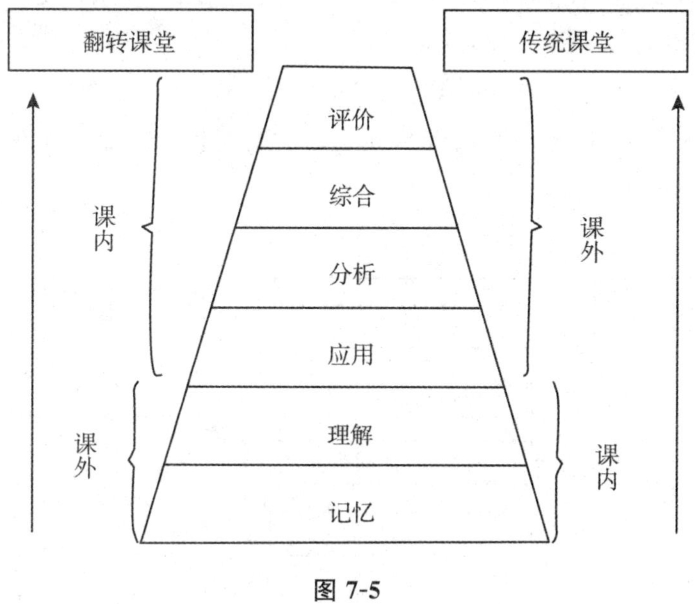

图 7-5

二、翻转课堂教学模型

(一)罗伯特・陶伯特的翻转课堂模型

罗伯特・陶伯特的翻转课堂模型是其在总结自身十多年教学经验的基础上提出的，该模型指出了翻转课堂教学的主要程序，具有一定的系统性，如图 7-6 所示。

罗伯特・陶伯特的翻转课堂模型将翻转课堂教学划分为两个阶段，一个是课前阶段，一个是课中阶段。

1. 课前学习阶段

学生在课前观看教师提供的教学视频，然后有针对性地做一些练习性作业。

2. 课中学习阶段

在翻转课堂上，教师通过一定形式的测验来考查学生对新知识的掌握情况，然后集中解决学生普遍存在的复杂问题，从而使学生更好地实现知识的内化。

对于可操作性强的理科类课程，可采用这种翻转课堂教学模型，该模型还需进一步改进与完善才能适用于具有发散性特征的文科课程。

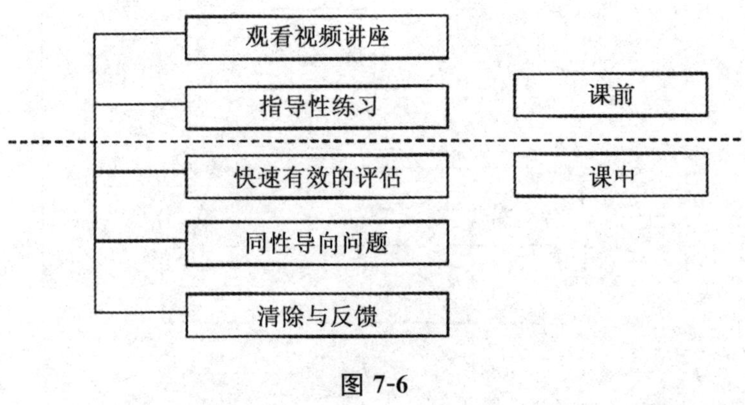

图 7-6

(二)杰姬·格斯丁的翻转课堂模型

杰姬·格斯丁提出的翻转课堂模型是一个环形的四阶段模型，四阶段分别是体验参与、概念探究、意义建构和展示应用，如图 7-7 所示。

1. 体验参与

参与性学习是第一步，学习方式有同步实验、同步实践、游戏参与等。

2. 概念探究

学生对相关概念深层意义的探索主要通过阅读博文、观看微视频和参与学习讨论等方式实现。

3. 意义建构

学生对新知识的意义建构采取的方式主要有完成测验、创作博客等。

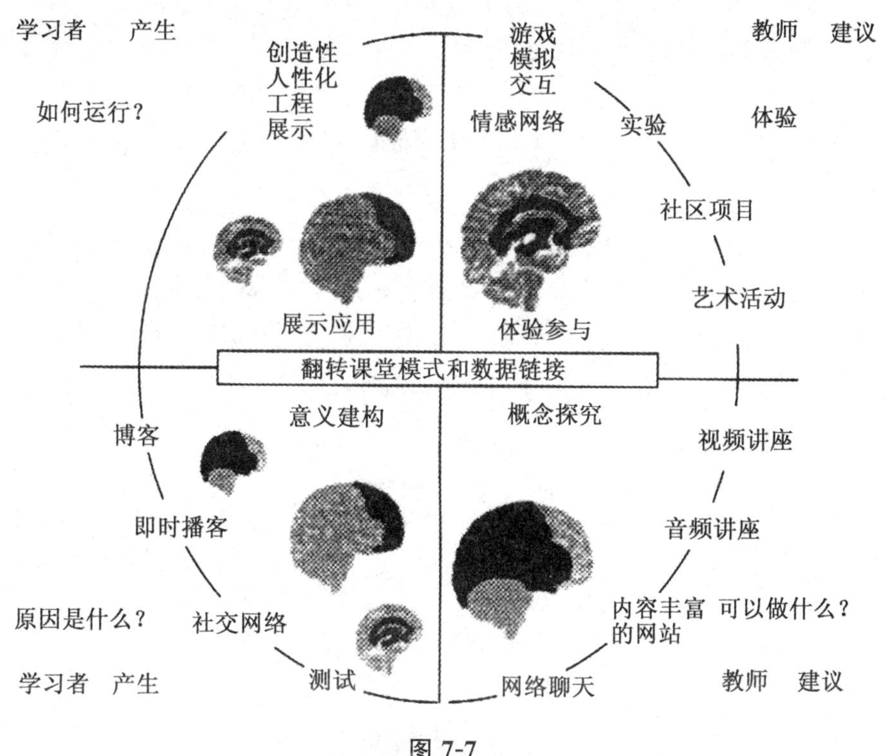

图 7-7

4. 展示应用

最后这个阶段一般以具有创造性的演讲活动或项目活动来完成学习成果的展示和应用。

在要求学生具有较好发散性思维的课程教学中比较适合采用这种翻转课堂模型。采用该模型能够使学生的主观能动性和个性得到充分发挥，对学生的创造性思维进行培养。

这一翻转课堂模型的缺陷在于对学生学习的主体地位过分强调，忽视了教师的引导和辅助，学生会因为得不到有效的引导而偏离正确的学习轨道，造成学习的盲目与低效率。

（三）钟晓流的翻转课堂模型

钟晓流教授提出的翻转课堂模型是太极环式的模型，如图 7-8 所示，这是他基于自身对翻转课堂的理解而设计的教学模型。

上述翻转课堂模型忽视了教师的作用，而对学生的主体作用过分强调，钟晓流教授为了避免这个问题，对教师的“教”给予了一定的重视。这一翻转课堂模型强调在学生的学习过程中，教师作为组织者、参与者和引导者所发挥的重要作用，强调学生在课堂上的主体地位。

该模型将翻转课堂教学分为两部分，一是课上部分，一是课下部分，具体又分为四个环节，分别是教学准备、记忆理解、应用分析、综合评价。但这个模型中并没有真正合理安排教与学的部分，“教”的部分相对较少，而且没有提到课程开发和课后交流，有待进一步改进。

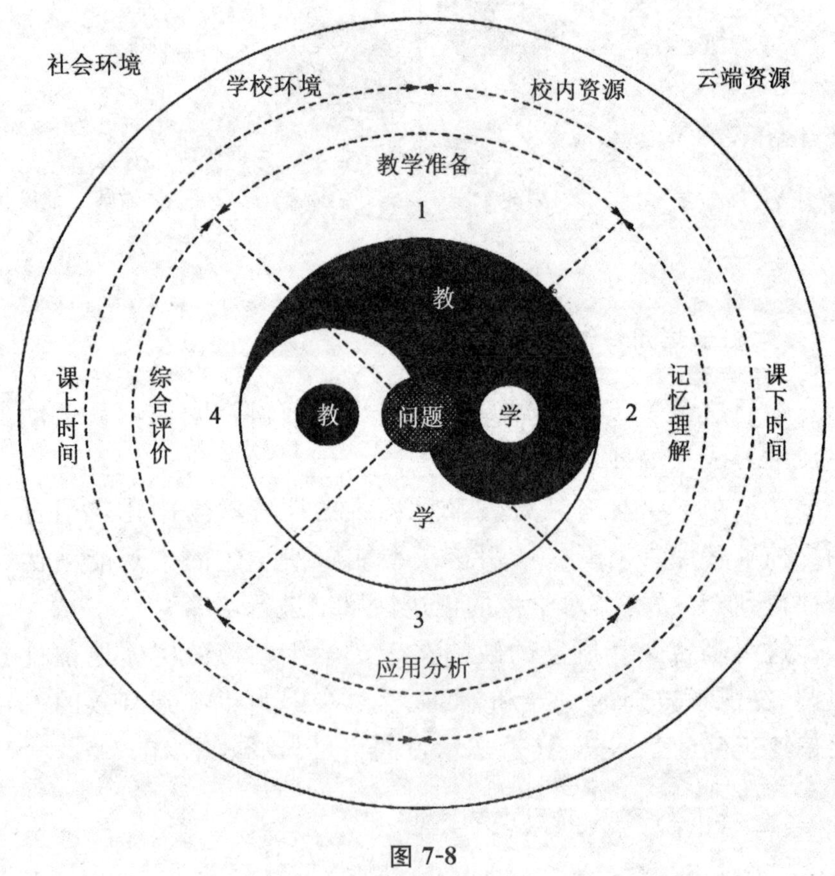

图 7-8

(四)张金磊的翻转课堂模型

张金磊将罗伯特·陶伯特的翻转课堂模型作为参考,以翻转课堂理论、教学设计理论和建构主义理论为依据,对全新的翻转课堂教学模型进行了构建,全新的翻转课堂模型主要包括两个过程,一是课前知识学习,二是课堂学习活动,如图 7-9 所示。

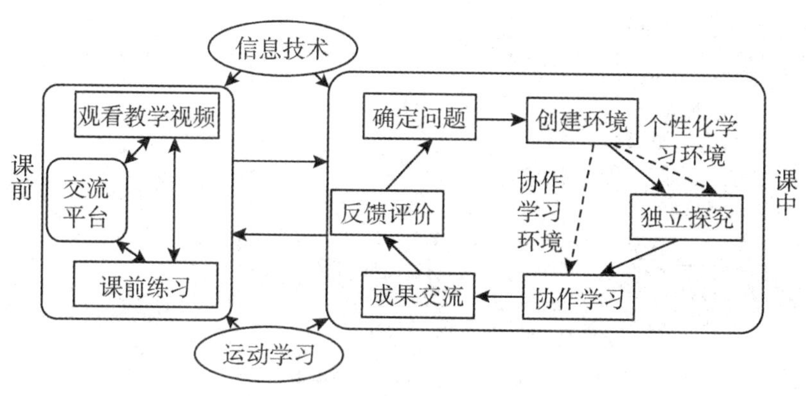

图 7-9

在课前和课堂两个学习环节中,信息技术手段发挥了重要的作用,在信息化学习过程中形成了个性化协作式环境。翻转课堂教学的顺利实施既需要信息技术的支持,也离不开学习活动的开展。

这个模型对翻转课堂实施的过程进行了详细论述,可操作性强,具有重要的指导作用。但它的问题在于只提到课前和课中两个学习环节,忽视了课后学习,也没有详细论述如何开发针对新知识和要解决的问题的练习。

(五)曾贞的"反转"教学模型

曾贞设计的"反转"教学模型如图 7-10 所示,该模型主要包括以下三个重要步骤。

1. 预备学习

观看教学视频,提出要解决的问题并进行简单讨论。

2. 深入学习

根据问题寻找答案的深层学习。

3. 新知识的应用学习

应用新知识以完成知识的内化。

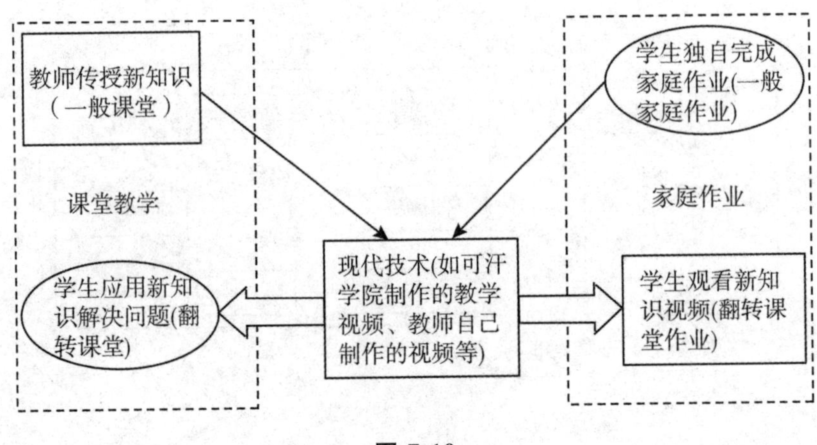

图 7-10

参考该模型进行翻转课堂教学，教师能够从实际教学情况出发灵活调整教学过程。但该模型没有从书面上详细论述以上三个关键步骤，所以可操作性不强，实际操作中容易偏离正确的轨道，而且也没有涉及对适合翻转课堂的课程进行开发设计的问题，还需要进一步细化与改进。

(六)适用于文科与理科的翻转课堂模型

有关学者参考上述模型，并基于自己的理解与经验而进一步改进与完善翻转课堂教学模型，对能够在文科课程与理科课程教学中通用的翻转课堂模型进行了构建，该模型包括三个部分，一是课程开发，二是课前知识传递，三是课堂知识内化，如图 7-11 所示。

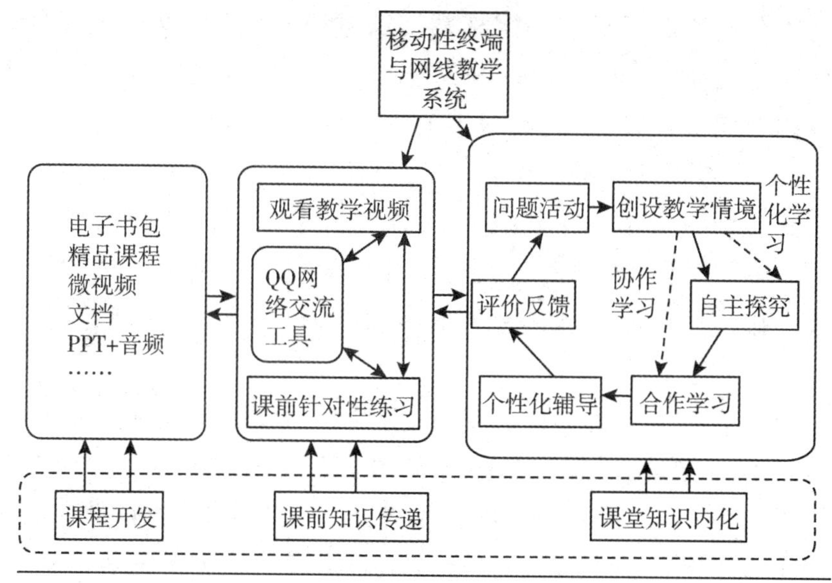

图 7-11

该模型强调，在翻转课堂教学中为有效传递信息、顺利开展学习活动以及创设良好的协作学习环境，需要充分运用网络交流工具、网络教学系统以及移动终端等信息化手段。

三、翻转课堂教学过程

（一）课前准备

1. 教师活动

（1）对教学目标的分析

很多人都认为对教学视频进行制作是实施翻转课堂教学的第一步，但对教学视频进行制作需要以教学目标为依据，所以要先对教学目标有明确的认识，深入分析教学目标，清楚要通过教学活动让学生达到什么结果。其实在任何教学模式中，这都是必不可少的环节。只有教学目标清晰明确，才能有针对性地开展教学工作，确定教学内容，选用教学方法和策略。

将分析教学目标作为实施翻转课堂教学的第一步,能够明确哪些内容对学生有用,哪些内容对师生互动有促进作用,然后将这些内容制作成视频,提高学生的学习效率。

(2)对教学视频的制作

翻转课堂教学中采用视频的方式传递知识。教师可以自己录制教学视频,也可以对他人制作的教学视频或网上的视频资源直接运用。教师制作教学视频的步骤如下。

①课程安排

对课堂教学目标加以明确,确定视频教学工具是否对实现教学目标有用,如果视频教学内工具对实现目标的意义不大,或不适用于教学内容,则采用其他教学方式。没必要因为是翻转课堂而刻意采用视频教学方法,视频并不是翻转课堂教学的全部。

②视频录制

对教学视频进行录制的过程中应对学生的个性、需要有一定的了解,确保教学视频与学生的学习特征、学习能力相符。教师要选择安静的场所制作教学视频,以免噪声干扰学生的观看。视频中没必要呈现教师自己的整个形象,一双手、一个交互式白板就足够了,将教学内容简要写在白板上。

(3)对教学视频的编辑

视频后期制作非常重要,可以发现视频中存在的错误和问题,以及时改正与完善。

(4)对教学视频的发布

将教学视频发布给学生是为了让学生观看视频,完成课前学习。这个环节的主要问题在于如何选择发布视频的地方,以便于学生顺利观看视频。选择这个地方要因各校和学生的具体情况而定。教师可以在 Moodle 平台、YouTobe 等在线托管站点上发放教学视频,或制作 DVD 来提供给没有网络或电脑的学生。也有学校会延长校园多媒体中心的开放时间,让学生顺利观看视频。不管采用什么方式,主要是要让学生观看教学视频的需要得到满足。

2. 学生活动

(1)观看教学视频

教师发放教学视频后,学生观看视频资料,学习基础好的学生几乎可以一次性看完视频内容,并对教学内容有整体的认识。学习基础较差的学生可能会在观看视频的过程中暂停、回放等,或经过反复观看来了解学习内容。学生在观看视频时,可记录不懂的地方,带着问题上课,有目的地学习,然后对自己的学习步调进行控制。在此过程中,学生需要适当梳理教学视频中的知识与内容,明确自己有哪些新的收获。

(2)适量练习

学生观看视频后要根据要求做一些适当的练习,教师布置的练习作业要与视频中的知识有关,目的是让学生巩固从视频中学到的知识,发现自己的问题,以便带着问题上课。教师要合理设计课前练习问题,包括练习数量和问题的难度,具体要以"最近发展区理论"为依据,通过对练习的合理设计,让学生通过完成练习来掌握新知识,巩固与深化新知识。

在学生观看视频学习的过程中,教师可通过网络交流平台与学生互动,了解学生自学中遇到的问题。通过检查学生完成练习的情况,教师可以获得一些反馈,了解学生的学习问题,在课堂上重点解决学生的难题,并与学生共同深入探索与研究问题,解开疑点,实现学习目标。

(二)课中教学

1. 确定问题,交流解疑

学生的成长是在不断学习中实现的,学生在学习中不可避免地要与他人发生交流与互动,以获更便利的学习条件和更多的学习成果。传统课堂教学中,教师控制整个课堂,师生地位不平等,关系不和谐,所以师生之间交流的意义也被削弱了。只有在融洽的课堂环境下，师生之间的交流才能真正发挥作用。

学生观看教学视频时，对视频中的知识与内容可能会产生不同的理解，这与他们本身的知识结构、经验水平有关。对视频资料的不同理解会造成学生之间认知的失衡，使学生产生新的知识结构。对此，在师生交流中，教师要根据自己了解到的关于学生学习中存在的问题或知识的掌握情况来合理引导学生和有效帮助学生。学生之间也可以利用互联网平台来相互交流，提出自己的问题，共同探讨，共享学习技巧与经验。

2. 独立探索，完成作业

现代教育要求学生必须具备独立学习的能力。如果学生没有这个能力，则其难以在社会上立足。社会个体的存在必须建立在独立的基础上。

在传统课堂教学中，课堂时间完全掌握在教师手里。教师传授知识占据大部分课堂时间，然后用剩余时间布置作业，这些作业填满了学生的课后时间，学生像机器一样学习和完成作业，失去了独立学习和探索的空间与机会，这方面的能力也越来越弱。作为独立个体的学生应该具备独立的学习能力。学生只有经过独立思考，才能完成知识的内化过程，而教师在学生学习的过程中只能对学生进行方法上的引导，而不能代替学生。

翻转课堂教学模式为学生的个性化学习提供了良好的环境，对于教师布置的作业或提出的问题，学生独立完成、独立实验和实践。学生在这个过程中对自己理解知识的角度进行审视，完成知识结构的建构，进一步掌握新知识。教师要给学生提供指导和帮助，使学生完成学习任务。学生独立解决问题的能力达到一定程度后，教师要给学生留出更多的空间，提供更多机会，使其能够独立探究问题，掌握知识，促进其知识体系的不断完善。

3. 合作交流，深度内化

学生的知识体系是在独立探索和独立学习的过程中不断形

成与完善的。但是学生还需要通过与教师与其他同学的交流与合作来完成知识的深度内化过程。

交往是社会个体之间相互作用的直接方式。交往行为指的是主体之间通过符号相互协调的过程，它以语言为媒介，通过对话，达到相互理解和一致。交往学习是学生在与他人对话、讨论、争论、交流等学习活动中开展的学习过程。[①] 交往学习是学生实现自身发展的有效途径。参与式学习、合作学习和团队学习均能取得良好的学习效果。在翻转课堂教学中，教师根据教学需要和目标将学生分成若干人数均等的小组，学生首先进行独立学习，独立探索知识与问题的答案，然后小组学生之间就自己对知识的理解而进行交流，并就学习中遇到的问题进行讨论。教师并不是站在讲台上俯视学生的这些学习行为，而是走进学生学习中，参与探讨，融入小组合作学习中，及时解决学生在合作学习中遇到的问题，对学生在小组学习中形成的错误认知，及时引导其澄清。学生在这个过程中主体作用得到充分发挥，主体地位得到巩固，思维能力、解决问题的能力以及合作能力都得到有效的提高与改善。当学生完全出于自身需要而进行学习时，学生才能真正成为自己学习的操控者。此时，教师的角色要从说教者、控制者向引导者、促进者转变，在学生学习中起引导和辅导作用。

当前，教育界对合作学习越来越重视，合作学习、小组学习等学习方式也在课堂教学中越来越普及，但在传统课堂教学中，合作学习只是一种补充性或替代性的教学方式，发挥着“微弱”的作用，其在培养学生探索积极性方面的作用难以真正发挥。此外也有流于形式的合作学习现象。而在翻转课堂上，师生之间、生生之间能够进行真正意义上的合作，只有这样的合作学习才能达到预期的效果。

---

① 王勇．翻转课堂的理论与实践——基于应用型本科人才培养的探索[M]．杭州：浙江大学出版社，2016.

4. 成果展示,分享交流

学生经过独立学习、合作学习后,完成个人或小组学习任务,取得一定的成果。展示成果的过程也是学生交流心得与分享经验的过程,成果展示的方法有展示会、报告会、小型比赛或辩论赛等。在展示成果时,教师可进行适当点评,对于学生的剩余问题要及时“补救”。学生在欣赏他人成果的同时应向他人学习,反思自己的问题。成果展示也能使学生对学习的乐趣有深刻的体会与领悟,从而转变学习态度,在以后的学习中始终保持积极乐观的心态,充满自信。在成果展示环节,教师要创设良好的课堂环境,要营造民主平等、自由和谐的氛围,并适时对学生的交流活动进行调控。

在最后这个环节,教师要鼓励学生勇于展示自己的学习成果,并虚心听取他人的点评与意见。学生也可以利用这个机会在网络交流区上传与分享自己制作微视频的方式,同时学习其他学生在微视频制作方面的技巧与先进方式。视频的制作并不能直接决定翻转课堂教学的成败,而课堂学习活动的设计才是决定翻转课堂教学成功与失败的关键。翻转课堂教学模式给我们带来的启发是,要彻底转变传统课堂教学中一切由教师主宰的被动局面,让学生真正成为课堂的主人,自主操控自己的学习活动。

第五节 现代教育技术支持下的混合式教学

一、混合式教学的概念

学术界对“混合式教学”的认识与理解经历了从广义到狭义,从泛化到细化的复杂过程,关于混合式教学的定义有很多,下面列举几个。

第一，混合式教学是综合运用多种教学媒体的教学。

第二，混合式教学是面对面传授与在线协作学习有机结合的教学。

第三，混合式教学是"以教为中心"与"以学为中心"的结合。

第四，混合式教学是线下面对面传授与在线学习相结合的教学。

以上几个定义中，最后一个定义相对比较权威，且具有可操作性。有学者指出，如果在线学习时间在总学时中占30%到50%，那么这就是混合式教学。这个定义使混合式教学的研究领域具有一定程度的明确性，而且在实际操作中可以灵活采用多种形式，操作者自由发挥与创新的空间很大。调查发现，目前真正采用了混合式教学模式的课程大都出现在高校，该教学模式有效提高了高校教学的效果。

二、混合式教学的课程结构

混合式教学的课程结构由以下几部分组成。

（一）在线学习

在线学习能够使学生随时随地学习，为学生安排学习时间提供了方便，能够使学生的学习需要得到满足。但在线学习不够系统，学生学习的是片段化的知识，难以有机整合这些零散的知识，因此这些知识的应用率也较低，为避免这一点，需要与后面的混合模式、课堂讨论结合起来。

学生在线学习时，可采用微格、微课、慕课等多种模式。本书第三章第四节分析了微格教学，本章第三节对微课进行了分析，下面主要对慕课进行分析。

慕课是教师负责的，通过互联网开放支持大规模人群参与的，以短视频讲课、论坛活动、作业练习、测验考试、通告邮件等要素交织，有一定时长的教学过程。①

慕课孕育于西方国家，始于20世纪末，其真正开始在全球教育界掀起浪潮是在2012年，这是一种网络课程教学模式，也被称为“在线课程”，主要特征是支持“大规模”、具有开放性。慕课作为一种新式在线课程，其不同于传统的网络课程。传统的网络课程也能向学生提供优质教育，但收费标准高，开放性弱，而且不支持“大规模”。而慕课这种在线课程是教师全程参与课程教学，如设置课程、实施课程、课程互动。

（二）混合模式

混合模式可以有机整合在线学习和课堂讨论，结合二者的优势来促进学生学习效果的提高。但如果在整合与结合的过程中没有全面分析教学数据和衔接好各教学环节，将会影响学生的学习效果。

教师可采用的混合模式主要有两种，一种是非翻转模式，即课堂教学为主，在线学习为辅；一种是翻转模式，即在线学习为主，课堂讨论为辅。其中翻转模式又有部分翻转与完全翻转两种情况，前者指的是教师在课堂上先对教学重难点进行讲解，再进行课堂讨论。后者指的是课堂时间都用来讨论，具体根据教学需要而选择。

（三）课堂讨论

课堂讨论具有即兴学习的特点，有利于整合学生的学习体验与心得，课堂交流与讨论能够使学生思维的主动性增强，并实现知识的深层次内化。但课堂讨论时间有限，因此在课堂教学中只采用单一的探究学习模式将对学生的学习成效产生不利影响，因此应与以上两个环节紧密结合起来，采用混合式教学模式。

在课堂讨论部分，主要学习方式有以下两种。

---

① 王祖源，张睿，徐小凤．混合式教学：信息技术与教学活动深度融合[J]．物理与工程，2016，26(6)：43－47.

1. 基于问题的学习方式

教师从教学的重难点和教学目标出发，由浅到深、从易到难设计问题，问题要有趣味性和挑战性，要与学生的学习能力相符，能将学生解决问题的积极性调动起来。教师设计问题后，学生在教师的引导下通过自主探究、查阅资料、小组讨论、合作交流等方式解决问题，在特定问题情境中应用在线学习中学到的知识，评价自己对知识的掌握程度。学生还可以归纳所学知识，采用归纳与推理的方法来同时解决多个问题，从而实现多重知识的内化。学生也可以构建解决问题的简化模型，提高学习的效率。

2. 基于项目的学习方式

这种学习方式适用于实践性强的课程。教师以学习目标、学生的学习能力为依据对课件制作、数值模拟、程序设计、实验设计等学习项目加以确定，学生根据要求将相关学习计划和方案制订出来，师生就方案的可操作性共同进行讨论，直到确定学习方案可行。在实验课堂上，学习小组按计划做试验，教师给予正确的引导和及时的帮助。实验结束后，学习小组实事求是撰写研究报告，教师给予指导。

采用这种学习方式时，不仅要求学生运用与实验或问题密切联系的知识，还要在探究过程中应用其他领域的知识，以丰富自己的知识结构。

三、混合式教学的评价

混合式教学的评价主要涉及以下三个维度。

(一)学习成效

评价混合式教学的成效时，可同时采用形成性与总结性两种评价方式，评价中主要考察两个方面，一是知识，二是能力。具体评价方法有问卷调查和学习数据分析。教师要明确制定评价标准。

对学习者知识与能力的评价指标见表7-1。

表7-1　对学习者知识与能力的评价指标

学习成效评价	评价指标
知识方面	对概念的理解程度
	对概念之间联系的认识程度
	解题信心
	解题能力
	解题熟练度
能力方面	学习努力程度
	批判性思维能力
	书面表达能力
	口头表达能力
	合作创新能力

(二)学习过程的交互性

在混合式教学中,构建学习共同体存在于在线学习和课堂讨论环节中,学生通过学习交互活动解决问题。这里的交互包括师生交互与生生交互。在在线学习环节,学生的交互活动比较平均,但在课堂讨论环节,交互活动就主要偏向教师眼中的"好学生"。交互的不平衡对学生的学习造成了制约。因此,不管是线上还是线下,都要严格把控交互的数量与质量。

(三)学习过程的个性化程度

学生的个性化学习问题同时存在于在线学习与线下讨论环节中。学生在在线学习中,要从自身实际出发对学习方式进行选择,这体现了个性化特征。在线下讨论过程中,每个学生都是着重解决自己在线学习时遇到的特定问题,这是线下学习个性化的体现。学生学习的主动程度在一定程度上从学生学习活动的个性化程度中体现出来。终身教育理念要求学生要有学习的兴趣、自觉性和主动性,因此这是混合式教学评价的一个重要维度。

上述三个评价维度密切联系,全面开展这几个维度的评价,能够了解混合式教学的质量和效果,能够根据评价反馈改进混合式教学模式,对学生的高级思维能力、创新能力进行培养,从而深度融合现代教育技术与现代创新人才培养。

第八章　现代教育技术在教学管理与评价中的运用

现代教育技术不断发展与普及，逐渐渗透到教育教学的各个方面，其中就包括教学管理与教学评价。现代教育技术在教育教学中的渗透与应用对这两个教学环节提出了新的要求，促进了教学管理与评价理论和方法的进一步发展，逐渐形成了较为完善的信息化教学管理与评价体系。本章主要对现代教育技术在教学管理与教学评价中的运用进行分析，包括教学过程的信息化管理与现代教育支持下的教学评价。

第一节　教学过程的信息化管理

一、教学过程信息化管理的概念

（一）教学过程信息化管理的基本概念

教学过程的信息化管理指的是利用计算机的信息处理功能与数据管理功能来开展教学活动的管理工作。一般将其称为“计算机管理教学”（Computer Managed Instruction，CMI）或“信息化教学管理”。[①]

① 何荣杰．现代教育技术［M］．北京：北京邮电大学出版社，2014．

(二)广义与狭义层面上教学过程信息化管理的含义

1. 广义层面

广义的教学过程信息化管理指的是利用计算机对相关教学管理活动进行处理,包括教学计划管理、教学组织管理、教务行政管理、教学常规管理、教育科研管理、教学质量管理等内容。

广义层面的含义强调利用计算机对学校教学工作的各方面进行管理。

2. 狭义层面

狭义的教学过程信息化管理着重指的是教师在教学过程中利用计算机来处理相关教学活动,主要针对的是学生的学习,如对学生学习目标的了解、学习数据的收集、学习进度的诊断、作业与练习的指导、学习成效的评价等。

狭义层面的含义关注的是计算机对课程教学进行管理,而用计算机对学校其他教学工作的管理属于办公自动化。

二、教学过程信息化管理系统

下面主要分析狭义层面上的教学过程信息化管理系统。

(一)教学过程信息化管理系统的结构与功能

1. 教学过程信息化管理系统的结构

教学过程信息化管理系统一般由两部分组成,一是通用计算机系统,二是教学管理专用软件。其中计算机系统又包括硬件和软件。

2. 教学过程信息化管理系统的功能

教学过程信息化管理系统具有以下几个重要功能。

(1)对教学信息进行收集、记录与处理。

(2)对教材库、教学目标库、教师资源库、学生资料库和试题库等进行建立与维护。

(3)自动监督与控制学生个人学习进程,将学习任务适当分配给学生,为学生提供学习咨询,对学生学习成效进行诊断测验。

(4)以教学目标、教学要求为依据来调节与安排教学资源配备以及其他教学活动,使教学过程保持良好的运行状态。

(二)教学过程信息化管理系统实例

随着信息技术的不断发展,课程学习管理系统也越来越多。目前世界上广为流行的课程学习管理系统是 Moodle。这个软件是免费的,不管在基础教育阶段,还是在高等教育阶段,这都是首选的课程学习管理系统。

第二节　现代教育技术支持下的教学评价

一、现代教育技术支持下的教学评价的概念

现代教育技术支持下的教学评价被称为"信息化教学评价",指的是根据信息化教学理念评价信息化教学过程与效果的活动。[①]

二、现代教育技术支持下的教学评价与传统教学评价的对比分析

现代教育技术支持下的教学评价与信息化教育的要求相符,其与传统教学评价有很多不同的地方,具体分析如下。

---

① 陈斌. 现代教育技术[M]. 北京:北京师范大学出版社,2017.

(一)评价观念对比

传统教学评价中,对学生的评价侧重于学习结果(图 8-1),即学生是否达到学习标准,最后根据评价结果来对学生进行等级划分或类别区分。因为传统教学缺乏先进的技术,所以评价环节往往只将注意力集中在客观知识和学习结果上,这种评价无法使评价对师生发展的重要作用得到充分发挥。此外,传统教学评价受传统教育观念的影响颇深,一般只有教育者(教师)是评价者,他们重点评价学生,学生处于被动地位,而且教师也不重视对学生情感、思想、认知能力等方面的评价。

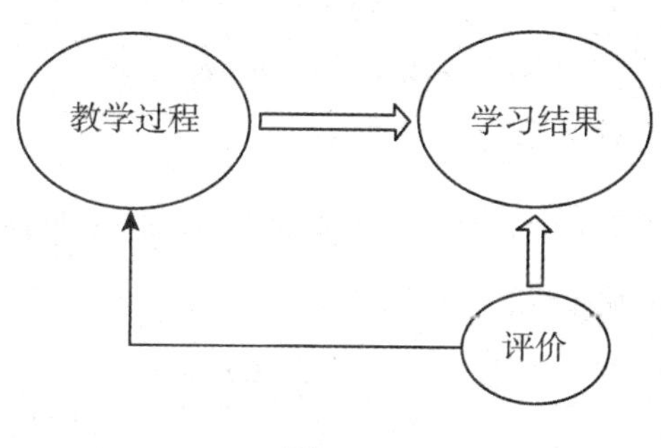

图 8-1

现代教育技术支持下的教学评价侧重于对学生学习表现、学习过程及其知识应用能力的评价。在信息时代,知识更新换代非常快,在教育教学中不能一味只看学生学了多少知识,消化了多少知识,更要看学生是否“会学习”。同样,作为教学的重要组成部分之一,教学评价也不能只看学生是否掌握了规定的知识,更应该全面评价学生学习的各个方面。

现代教学中,教师在知识储备与传播方面并没有绝对的权威,教师对学生进行评价的同时,学生也可反过来评价教师的教学活动,现代教育技术支持下的教学提倡多元的评价主体,强度评价主体与对象的统一,如图 8-2 所示。

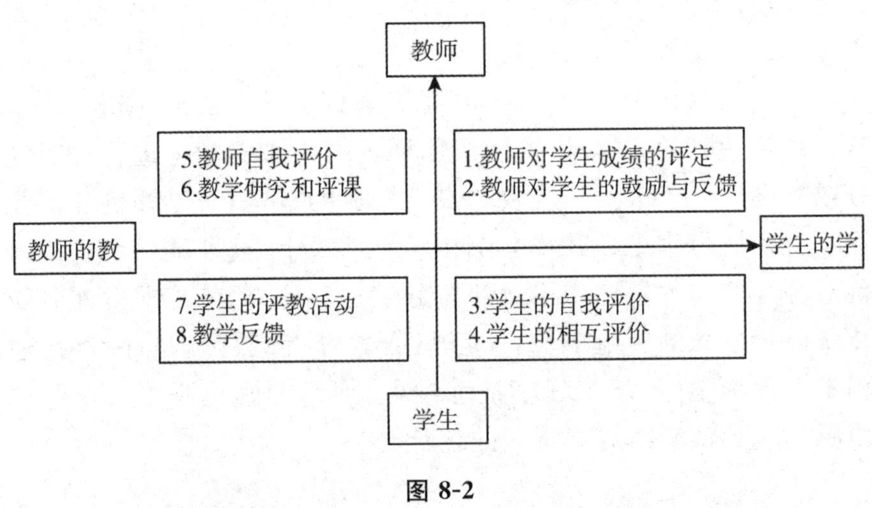

图 8-2

（二）评价标准对比

传统教学评价中，教师或课程编制人员根据自己的意图或教学大纲来制定评价标准，标准相对固定、统一。教育技术支持下的教学对学生的个性化学习更为关注，教学是跟着学生的节奏调整的，学生具有一定的控制权与自主权，这些权利主要体现在学什么、如何学、如何评价等方面，教师的作用以引导、督促为主。所以，在信息化教学中，一般由师生共同制定评价标准，而制定的依据是师生的共同经验和学生的实际水平。

（三）对学习资源评价的对比

教材和辅导资料是传统教学中学习资源的稳定来源，在大批量生产与使用学习资源之前，一般通过教学试验来评价学习资源。在教学过程中，教师很少评价学习资源。而在现代教育技术支持下的教学评价体系中，学习资源是一项非常重要的评价内容，因为学习资源在信息化环境下来源多，覆盖广，互联网学习资源尤其繁盛。面对如此庞大的学习资源库，如何选择和运用有效的资源是一个迫切需要解决的问题，这就需要教师与学生共同对这些学习资源进行评价，以提高资源利用的效率。

(四)评价方式对比

教学评价方式丰富多样,根据不同的分类标准可以分为不同的类型。按照评价基准可以划分为相对评价、绝对评价和自我评价;根据评价功能的不同,可以划分为诊断性评价、形成性评价和总结性评价;按照评价方法的不同又可划分为定性评价和定量评价。

传统教学评价方式单一,以总结性评价和量化评价为主,这种评价的局限性很大,与现代评价理念不符,无法真正发挥教学评价的作用,很难通过评价来积极影响学生的情感态度、价值观、个性及学习效果。教育技术支持下的教学提倡多样化的评价方式,要求对学生的学习过程及其中包含的各个要素予以高度关注,将各种评价方式结合起来运用,以充分发挥各个评价方式的优势与功能,实现教学评价的功能。

(五)评价与教学过程关系的对比

教学评价一般是传统教学的最后一个环节,而且这个教学活动相对比较孤立,标志着教学的终结。传统教学评价主要判断学生的学习结果。而在现代教育技术支持下的教学中,教学过程的每个环节都渗透着形式不同的教学评价。指向学习结果的教学评价与教学过程紧密结合,不可分割,如图 8-3 所示。

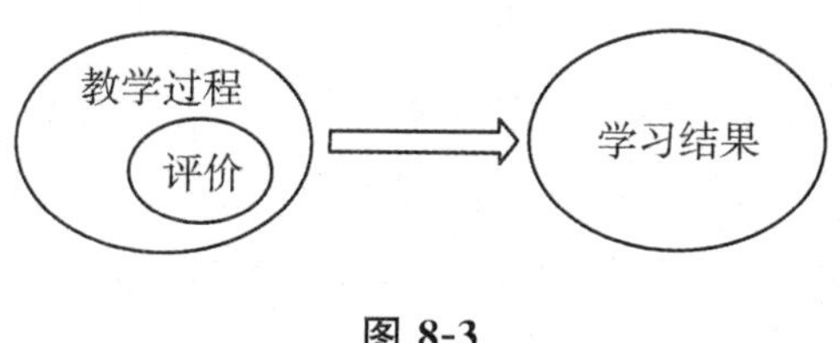

图 8-3

通过分析现代教育技术支持下的教学评价与传统教学评价的不同,也能总结出现代信息化教学评价的独特性。

三、现代教育技术支持下的教学评价的优势

(一)融于教学过程

教育技术支持下的教学评价强调将评价渗透到教学过程的各项活动中。融于教学过程的教学评价具有以下优势。

(1)能够借助现代教育技术手段对整个教学过程进行详细的记录,能够为评价者收集各种评价资料、全面评价教学过程提供方便。评价者可借助的技术手段有摄像机、屏幕录制软件等。此外,现代教育技术支持下的数字化评价方式具有易收集和保存资料,存放空间小的特点。

(2)能够时刻对学生的学习状态进行观察,从而对教学进度及时进行调整。例如,在课堂上教师针对学生已经学习的内容,利用交互性的软件(Word、PPT 等)向学生发布小测验,如选择题、思考题、问答题等,教师根据学生完成测验的情况对其学习状态进行了解,从而对教学进度适当调整,以更好地满足学生的学习需要。教师随时把握学生的学习状态,也能时刻给学生反馈,让学生对自己的问题有清楚的认识,引导学生反思,帮助学生解决问题,促进学生进步。同时,教师也能在融于过程的评价中不断总结经验教训,改进自己的教学工作,完善教学过程,提高教学质量。

(3)在分析和处理数据方面有明显优势,可促进教学评价效率的提高。目前,快速分析和处理数据是 Excel、极域电子教室等很多软件或平台都具备的功能,利用这些软件或平台能够将学生在测验中的答题情况快速统计、分析出来,及时获得反馈信息,从而有针对性地开展接下来的教学工作。

在现代教育技术支持下的教学评价中,雨课堂作为一个现代化教学评价工具得到了普遍的运用,这款教学工具是由清华大学学堂在线平台推出的。采用该工具可将预习资料提前发给学生,

对学生完成习题进行远程指导；课上采用该工具可随时进行师生沟通，以对学生的学习情况能够及时了解；课下采用该工具可将课后作业发布给学生，并对学生完成作业的情况进行监控。

（二）评价效率高

教育技术支持下的教学评价运用大量的信息技术工具完成评价工作，评价效率比传统教学评价效率更高。这主要与信息化教学评价的自动化、及时反馈、交互性等特点有直接的关系。

1. 评价的自动化

一定程度上而言，信息化教学评价是教学评价发展的自动化阶段，如借助 QQ、邮箱、微信等社交软件和网络平台将调查问卷快速发布并回收，再利用 SPSS 等相关软件迅速收集与分析调查问卷上的数据与信息，这样可取得更准确的评价结果，而且也提高了评价效率，节省了教学资源。

2. 及时反馈

教育技术支持下的教学评价能够使教师及时向学生反馈评价结果，及时发现教与学各自的问题与不足，使教师与学生共同调整自己的教学方式与学习方式，以共同提高教学质量。

3. 交互性

教育技术支持下的教学评价具有交互性特征，学生对这种评价方式更感兴趣，因此参与学习与评价的积极性也比较高。

四、现代教育技术支持下的教学评价的原则

在信息化教学中，为达到评价目的实现整体教学目标，开展教学评价时应注意以下原则。

（一）以人为本

教育技术支持下的教学评价主要为教师与学生的全面发展而服务，因此应通过评价将对师生发展有价值的信息提供给教师与学生，使教师与学生对自己有更全面的认识，从而进行自我发展与完善。信息化教学评价应贯彻“以人为本”的原则，尊重评价对象的个体需要和差异，促进评价对象的终身发展。在评价结束后，对比评价标准与评价结果，从横向与纵向进行多层次对比与分析，将评价对象值得肯定的地方指出来，并点明问题，提出有价值的建议，使评价对象实现个性化与全面发展。

（二）师生共同制定评价标准

信息化教学评价中，师生共同制定与执行评价标准。传统教学评价中，主要由教师制定评价标准，但教育技术支持下的教学评价要求学生也要参与到评价标准的制作中，教师要多给学生提供这样的机会，对学生的评价能力进行培养，使学生能够自主思考，自觉反思，从中获得新的发展。在信息化教学背景下，学生应在参与评价的过程中找到以下问题的答案。

（1）需要解决什么学习问题？

（2）如何解决面临的学习问题？

（3）如何知道自己是否所有进步？

（4）如何让自己变得优秀？

学生自评与互评也是信息化教学评价的主要方式，教师要多鼓励学生参与评价，使学生作为评价主体的作用得到充分发挥，学生在评价中要有责任心，要为自己所作的评价负责，不能盲目评价。

（三）自觉提出期望

学生在教育技术支持下的教学中所拥有的自主权和控制权都比较强大。教师应在教学前通过制定量规、提供范例等方式让学生自觉提出自己的期望，并将此作为参照标准来指导自己的学习，避免学生学习的盲目性。

（四）基于学生的实际表现进行评价

在教育技术支持下的教学评价中，教师要尽量结合学生的真实生活来选择问题，提出挑战，在评价时重点将注意力集中在学生完成学习任务过程中表现出来的各种能力上，如提问、理解、探寻答案、交流合作、评价、创新等能力。要通过评价来提出能够提高学生这些能力的有效路径与方法。

（五）整个教学过程中随时评价

教学过程的持续的动态过程，教育技术环境下的教学评价也具有动态性，其与教学过程并行，在整个教学过程中都有渗透。在教学评价中，只通过纸笔测验，很难全面了解评价对象教或学的情况，所以要采用过程评价的方式，并基于情景化来实施。

教学评价应融于整个教学过程中，通过不断的评价和比较来判断评价对象是否有进步，与教学目标还有哪些差距，有哪些问题需要改进，从而将下一步的教学方向或教学策略明确下来。

需要注意的是，每次评价只是评价对象智能状况的部分表现，而不是智能的唯一指数。

五、现代教育技术支持下的教学评价的设计与实施

在信息化背景下进行教学评价，需要对整个教学过程、教学目标和教学任务有全面的了解，并对评价主体、评价对象、评价工具、评价环境、评价方法等相关方面进行综合考虑。此外，必须设计可测量的评价指标来客观准确地实施评价，提高评价的效果。

教育技术支持下的教学评价的设计与实施流程如图 8-4 所示。

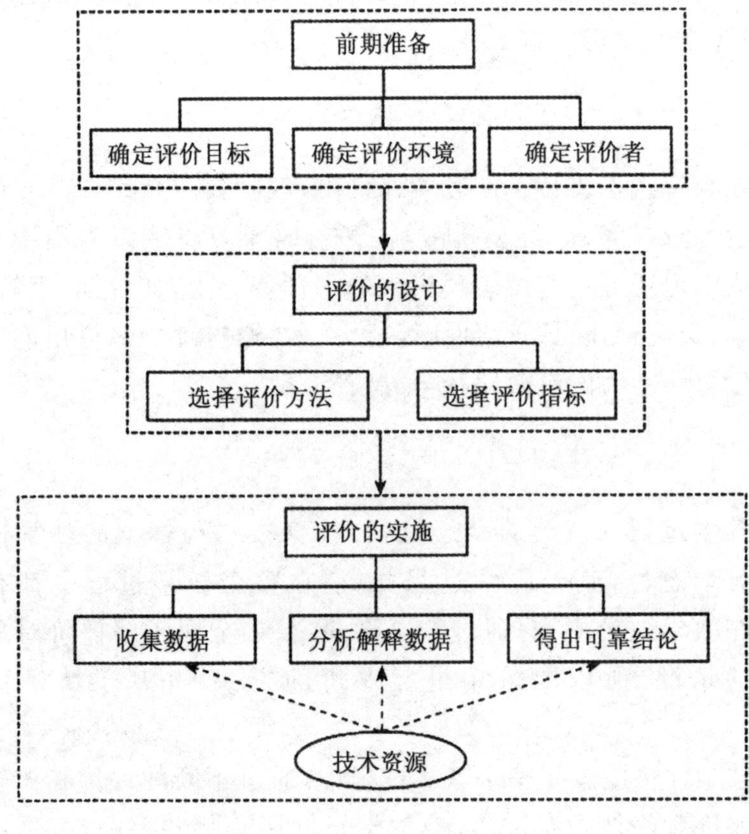

图 8-4

(一)前期准备阶段

信息化教学评价的前期准备阶段包含下列三个方面的工作。

1. 评价目标的确定

在信息化教学评价的设计与实施中,评价目标发挥着重要的指导作用,如何选择评价内容、评价方法及收集评价数据,在一定程度上都是由评价目标决定的。所以,对评价目标进行详细而准确的描述是对教学评价进行设计与实施之前要做的第一步工作。

教学评价中不仅要关注学生的学习结果,还要对其学习过程、情感态度、价值观等给予全面的关注,这是现代教育技术支持下的教学评价的要求。这些都要体现在教学评价的目标上,因此要以教学目标为基础，从学生的认知、技能与情感三个目标领域来分析教学评价目标，这要求细化教学目标，确保每个目标可测量。

2. 评价环境的确定

对评价所处的大环境进行确定也是前期准备阶段的一项重要工作。这项工作的开展主要从以下几个方面着手。

首先，教育部出台相关政策标准，明确提出教学评价要达到什么标准，满足什么要求。例如，《基础教育课程改革纲要（试行）》明确提出，课程评价体系要以促进学生全面发展为目标。通过评价，不仅要对学生的学习结果有真实的了解，指导学生更好地学习，还要对学生的潜能进行开发，对学生的学习需求全面了解，培养学生的认知能力、自信心，使教学评价的多元教育功能充分发挥出来，使学生不断进步，不断完善自我。评价体系还要能促进课程不断发展，评价后得到的反馈要能为课程内容的调整、课程管理的改进及课程改革机制的建立提供参考与依据。在教学评价内容与方法的设计中，上述要求是必须要遵循的，要基于此开展评价工作。

其次，信息化教学评价必然会受到信息技术的影响，在信息化教育不断普及的今天，必须基于对信息化教学环境因素的考虑来设计与实施教学评价。信息化教学评价的特点是评价观念强调师生的全面发展；以促进师生的全面发展为评价目的；评价内容多元化，评价工具多样化。在教学评价中，信息技术与工具的融入可起到重要的作用，这与新课标的教学目标也是一致的。

最后，必须在考虑实际情况的基础上着手教学评价的设计与实施工作，要重视对教学中可能遇到的问题的评价，如师生能否顺利合作，教学中收集数据与信息会遇到什么问题等。只有对这些问题进行全面考虑，并探索问题的解决方法，才能顺利开展教学评价工作。

3. 评价者的确定

评价与现代教育观念不符；评价主体以教师为主；评价片面；学生、家长及其他相关人员话语权缺失；评价结果偏差；等等，这些都是传统教学评价中普遍存在的问题。信息化教学评价鼓励教学相关人员都参与评价，评价主体不限于教师，教师、学生、家长、学校管理者等教学相关人员都可以成为评价主体，而最主要的评价主体是教师和学生。

在多元化的评价主体中，作为评价组织者的教师是最具权威的评价主体。学生既可以是评价主体，也可以是学习主体，学生可以同时扮演这两个角色，这决定了自我评价的方式对学生而言具有重要意义，学生能够深刻记住自我评价的反馈信息，并自觉反思与主动发展自我，学生自我评价对学生个人发展起到的作用相比于他人评价方式起到的作用更明显。

家长的评价主体角色是最易被人忽略的，其实在很多方面家长比教师更了解学生，所以家长参与教学评价活动，担任评价主体也有重要意义。比如，学生的课外作业可以由家长监督、指导与检查。教师要多与学生家长沟通，定期组织家长会或利用其他渠道向家长反馈学生的学习情况，并与家长共同对学生的综合表现进行准确全面的评价，为学生的全面发展提供指引。

除教师、家长、学生外，教学评价活动中还有一些相关参与者可作为评价主体，如学校管理人员、评价专家、教育行政管理者等，他们主要发挥引领作用，促进课程改革。这些人员对学生的评价是宏观上的评价，是整体评价学生学习情况，而无法全面评价每位学生的表现，因此一般不将这些人员纳入主要评价主体的行列。

（二）设计阶段

信息化教学评价的设计阶段主要包括以下两个环节。

1. 评价方法的选择

信息化教学背景下有非常丰富的教学评价方法，评价者应以评价目标、评价内容为依据对评价方法进行合理选择，再从所选的评价方法出发对评价工具进行选择，所选的评价方法与工具要对收集量化数据和质性资料有利，要能将学生的学习结果、学习过程以及学习态度等充分反映出来。在评价实践中，针对一项评价内容可能会采取几个不同的评价方法与工具，不同评价方法与工具的适用性也是有差异的，需要评价者仔细斟酌与合理筛选，确保每个评价方法、工具都能发挥作用，取得良好的评价效果。

2. 评价指标的确定

评价指标的确定会在很大程度上影响评价活动的实施和教育决策的落实。因此要在设计阶段确定好评价指标。

(1)对评价环境进行考虑

考虑评价环境是否已有明确规定，如果是，则根据这一点来对评价指标的合理性进行判断。

(2)确定由谁制定评价指标

一般由专家、评价主体和评价对象共同制定既科学又可行的评价指标。

(3)评价指标内容的确定

以教学目标、教学内容为依据对评价指标的内容加以确定，学生的学习效果、教学对学生的影响等与学生有关的各方面都应体现在指标内容中。可测量、有实际意义的评价指标更容易被学生认可与接受，因此在指标内容确定中要体现这一点。

(4)对评价条件进行考虑

评价条件就是实施评价活动应具备的条件，如财力、物力、人力资源等，如果条件不具备，则要按评价指标的重要程度来排列顺序，根据现有条件优先实施重要程度强的指标。此外，能否顺利收集评价数据也是需要考虑的一点。

例如，在“掌握 Word 文档编辑”的评价中，评价指标包括熟练设置字体、字号、段落、背景；能够设置文档页面大小、页眉页脚；会插入和美化图片；会排列图片和文字等。这些评价指标的操作性强，评价数据容易收集，可以直观体现在学生设计的海报上。

（三）实施阶段

信息化教学评价的实施阶段主要按以下步骤来开展工作。

1. 数据的收集

评价结果的可靠性与能否收集完善的评价数据直接相关。以学生学习评价为例，需要收集的资料见表 8-1。

表 8-1　学生学习评价中的数据收集

资料类型	具体资料
纸质资料	作业
	练习题
	小测验
	实验报告等
电子资料	学习日志
	电子档案袋等

除以上数据外，学生自我评价的记录、同学互评的记录以及家长评价学生的记录等也应该收集起来，确保信息的完善与评价的准确。收集数据的工作比较繁琐，为提高收集效率，需要注意对技术手段与工具的借助。

2. 数据的分析解释

信息化教学评价中，需要分析解释的数据包括量化数据与质性资料两种类型。

（1）量化数据

分析与处理这类数据的难度较小，操作时可借助 Excel、

SAS、SPSS等常用软件，应用这些现代技术手段能够在分析处理数据中提高效率，并以图表的形式直观显示分析结果。例如，某班级计算机基础课的期末考试成绩分布如图8-5所示，从该图可以直观地看到有2人成绩低于60分，2人成绩在60～70分之间，16人成绩在70～80分之间，17人成绩在80～90分之间，有6人成绩超过了90分。

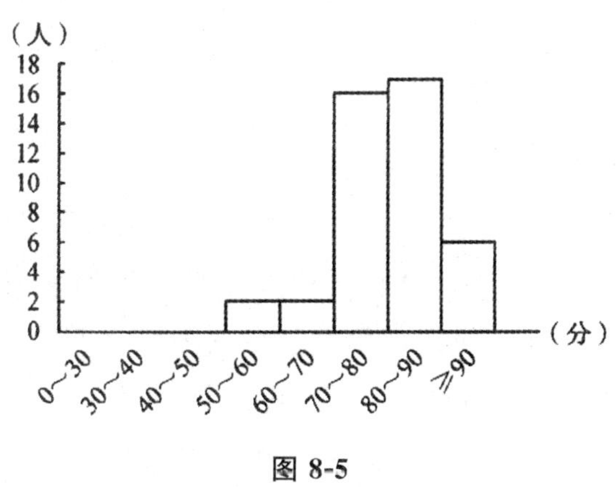

图 8-5

(2)质性资料

处理这类数据的难度较大，工作量也比较多，主要靠评价人员的手工操作，且评价者很容易将自己的主观意识掺入其中，因此必须严格制定评价标准，按照标准分析处理质性资料，以获得真实可靠的评价结果。

在信息化教学评价中，必须有机结合量化数据分析与质性数据分析，使评价结果的客观性、真实性得到保障。

3. 得出结论

结论是否真实可靠，与数据的分析解释有关。教学评价不能为了评价而评价，评价是为了获得真实的反馈，解决教学中实际存在的问题，预防以后教学中可能出现的问题，促进教学的完善，提高教学质量，推动师生共同发展。

例如，判断班级学生的学习水平，通常看这个班级的考试均分,但有时这个标准反映的情况也未必完全真实,这就需要与班级成绩的标准差结合起来进行评价,如两个班级的平均分差距不大,但标准差大,说明两班学生学习水平存在较大的差距。结合标准差可以更真实地评价学生的学习水平。

六、现代教育技术支持下的教学评价的方法

信息化教学评价中,学习过程、学习资源是主要评价对象。

(一)针对学习过程的评价方法

针对学习过程的评价指的是借助技术手段对学习过程的相关数据与资料进行收集,参照教学目标对学生的学习过程和效果做出价值判断。这方面的评价关注的是对学生学习情况的测评,包括学习过程评判与学习结果评判,一般先用有效的手段描述学习过程或结果,再从价值层面进行判断。

现代教育技术支持下的教学评价中,针对学生学习情况的评价方法主要有以下几种。

1. 观察评价法

教师要在自然的教学情境下对学生进行观察,在教师观察的过程中,学生自然地从事学习活动,没有压迫感和紧张感。学生自然而真实的常态表现是教师在观察中所获得的资料。教师在观察时要带着一定的目的去观察,观察范围要明确,教师要设置教学情境来方便自己通过观察获得想要了解的真实的信息内容。情境化教学中最适合采用观察方法进行评价,但还需要将评价工具如量规等利用起来,以明确观察目的,获得更准确真实的结果。

2. 调查评价法

针对学习过程采用调查法进行评价时,以书面调查为主,这是对评价材料进行间接性收集的一种评价方法。具体操作方法

是，对课堂学习效果表进行简要设计，发给学生，学生按要求填写表单，并写明自己的建议或意见，使教师获取相关评价材料和信息。

进行调查评价的一个主要工具就是问卷调查表，能否合理设计问卷调查表，对调查结果有直接的影响。对问卷调查表进行设计要做到简洁大方、便于理解和方便填写等基本要求。具体需注意如下事项。

(1)调查目标明确，根据目标进行设计，简单表述问题，确保问题有意义、没有歧义。

(2)尽可能使被调查者需要在问卷调查表上填写的内容简单一些，避免被调查者草率应付。最好的方法是以选择题类型为主，提供多种选项。在必要位置设计“其他”一栏，以获得更多的信息。

(3)问卷调查表的表现形式要合理。

在现代教育技术支持下的教学评价中，采用问卷调查的方式可引导学生反思，还能对学生自主设计问卷调查表、收集与处理信息的能力进行培养。

3. 测验评价法

采用测验评价法可以对学生认知目标的达标程度有准确的了解。通过测验，将有关学生学习状况的数据收集起来，根据这些数据可以考察学生的学习态度、方法、习惯或对知识技能的掌握程度或探究与实践能力等，通过考察发现学生的进步之处与存在的问题，然后反馈给学生，师生共同商讨改正方法，教师也要将此作为改进教学的现实依据。

实施测验评价方法时采取的主要工具是试卷。能否恰当编制试卷上的题目，对评价效果有直接的影响。为了提高试题的质量，教师在设计不同题型时，应严格遵循相应的设计命题要求，使试题具有较高的鉴别性，将不良率降到最低，从而提升评价效果。

选答题和构答题是测验评价中试卷上经常出现的两类题目。二者各有自己的优势与独特性,同时也有自身的缺陷与不足,通常结合起来运用,不可相互替代。下面简要介绍这两类题目。

选答题是指题目已有附带的多个答案选项,要求学生选出正确答案的试题,如是非题、多选题、配对题等。[①] 这类题目一般用于对学习者记忆能力、判断能力等较低层次能力的评价中。

构答题是指要求学生用文字、算式等写出正确答案的试题,如作文题、算术题等。[②] 这类题目通常用于对学习者理解能力、推理能力及表达能力等较高层次能力的评价中。

从判断正误来看,选答题处理起来更容易;从题目编制技巧来看,构答题掌握起来更容易;从答题效率来看,选答题更高。所以建议将两类题型结合使用。

4. 量规评价法

量规是定量评价方法的典型代表,它的优势在于便于操作、准确率高。一般依据评价目标对多个评价指标进行规定,评价中很少掺杂主观意识,教师评价、学生自评或学生互评时都可以采用这个方法。如果提前向学习者公布量规,还能引导学生的学习方向。教师要指导学生自己对量规进行制定。

随着信息化技术在教育教学中的不断普及,以非客观形式呈现学习任务的情况将越来越普遍,对这些学习任务不能再继续采用具有局限性的传统客观性评价方法,而应采用量规评价法。

量规主要有以下两种形式。

(1)核查表

这种类型的量规最简单,只是简单列出学生学习表现的特征,每个表现都有“是”“否”两个判断选项,示例见表 8-2。也可以设置空白处让评价者根据判断做记号。

---

① 廖守琴.现代教育技术基础[M].北京:科学出版社,2016.

② 廖守琴.现代教育技术基础[M].北京:科学出版社,2016.

表 8-2　儿童数学知识掌握核查表

认识从 0 到 9 的数。	是□否□
从 1 数到 10。	是□否□
从 10 倒着数到 1。	是□否□
认识 10 以上的数。	是□否□

(2)等级评定表

等级评定量表是根据评价事物的特质表现划分等级,将相应的分数分配到每一级,最后编制成量表。通常在学习成绩评价中采用这个方法,先对被评价的学生按照他们的学习表现进行等级划分,详细说明每一等级的特点或标准,然后赋予相应分数,按一定格式整合各个等级的标准与分数,最后编制成一个便于直观分析与评价的量表。

5. 学习合同评价法

(1)学习合同概述

学习合同是由师生就某一学习主题而共同协商、设计、实施和评价的书面协议,也称为"学习契约"。[①] 设计学习合同主要是对学习责任由谁承担的问题加以解决,这个评价方法适用于自律课堂教学与学习者自学。

学习合同的特点主要表现为开放性、结构性和过程性。学习合同的常见形式有协作式、自学式、表格式、提纲式等。

学习合同源自于真正的合同。在学习中设定契约,主要是为了让学生按照特定的目标或参考明确的依据去完成任务和解决问题,使学生的学习更有目的性、更有效率。采用这一评价方法,要求学生在学习活动中以"任务驱动"和"问题解决"为主线。

学习合同不同于传统意义上的学习计划,而是一种具有动态性的学习规划,静态的学习内容由动态的学习过程取代。学习动

① 廖守琴. 现代教育技术基础[M]. 北京:科学出版社,2016.

机、学习目标、学习资源、学习方法、学习进程、学习活动日期等是学习合同涉及的主要项目。

(2)制定学习合同

在学习合同的制定中,通常要包含以下内容。

①师生相关信息。

②合同目的。

③学习主题。

④学习者的学习需求和学习目标。

⑤学习活动及安排。

⑥学习评价依据和形式。

⑦展示与分享最终学习成果等。

对学习合同内容的安排可参考表 8-3 的样式。

表 8-3　学习合同样式

学习合同
一、师生基本信息 学生姓名：　　教师姓名：　　课程名称： 年级：　　班级： 起止日期：
二、合同目的：
三、学习内容：
四、学习目标 学习目标： 知识与技能层次目标： 过程与方法层次目标： 情感态度层次目标：
五、学习活动及安排 活动 1： 活动 2： 活动 3： 活动 4： 活动 5：

续表

六、学习结果评价标准 判断标准 1： 判断标准 2： 判断标准 3：
七、学习成果展示、分享 阶段性成果： 最终成果：

6. 电子档案袋评价法

(1)电子档案袋概述

电子档案袋指的是在信息技术教育中，学生运用信息手段表现和展示自身在学习过程中有关学习目的、学习活动、学习付出、学习成果、学习反思、学业进步等有关信息的集合体，它又被称为“电子文件夹”。①

在信息化教育教学中，对知识或学习活动的设计、讨论、评价及管理等都可以运用电子档案袋。档案袋标准的确定与内容的选择都需要学习者参与，教师或同学等可协助学习者完成。

电子档案袋的内容材料如图 8-6 所示。

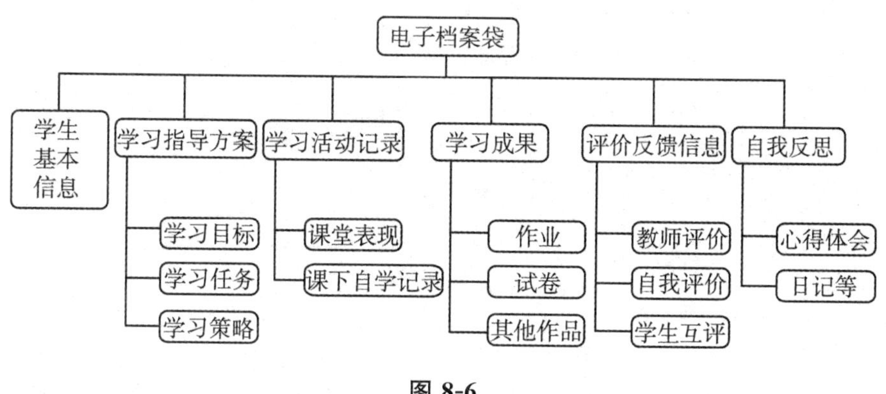

图 8-6

① 陈斌．现代教育技术[M]．北京：北京师范大学出版社，2017.

采用电子档案袋评价法，能够使学生在教学中的主体作用和主观能动性得到充分发挥，促进学生独立能力的提升，使学生在收集自身学习活动相关信息的过程中更全面地了解自己的优缺点，提高学生的自我认知能力。

利用电子档案袋收集的学习信息与材料比用传统档案袋收集的信息更多、更丰富。电子档案袋中加入了信息技术元素，档案袋中的音频、视频、数字故事等都比传统纸质档案更具可读性。

师生制作电子档案袋可通过一些博客平台、云平台来完成，十分便捷。制作电子档案袋的过程具体包括五个环节，如图 8-7 所示。

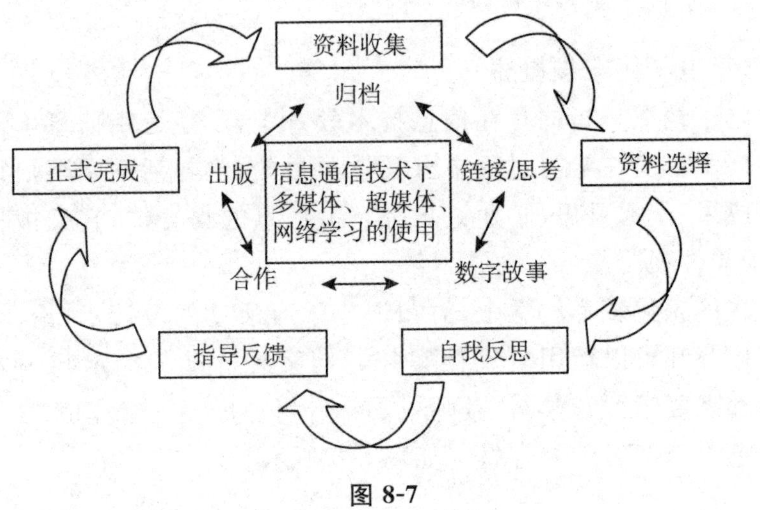

图 8-7

(2)电子档案袋评价实施

教师利用电子档案袋评价学生的学习过程时，要体现客观性、公平性和公正性，具体需遵循的原则如下。

①激励性评价原则。

②个体性评价原则。

③全面性评价原则。

④多元化评价原则。

运用电子档案袋进行评价的具体操作步骤如下。

①收集学习任务、学习活动、学习成果、学习反思等相关资料。

②根据评价内容确定可量化的评价标准。

③开展评价,主要采用自我评价、教师评价、学生互评等多种评价方式。

④反馈评价结果,评价者需根据反馈信息及时对评价方案进行修订与完善。

在学习过程评价中,应根据评价目标、评价需要、评价内容等选择不同的评价方式,具体可参考表8-4,这是国外教育专家提出的建议。

表8-4 面向学习过程的评价方法选择

	课堂教学	网络教学	函授
讲授/示范	言语 C,O,S	CBI,WWW,FTP C,O,S	手册/工具包 C,O,S
录像/媒体介绍	录像带或其他媒体 C,O,S	WWW为主,录像带为辅 C,O,S	录像带,CBI C,O,S
书本学习	课本/印刷品 C,O,S	CBI,WWW,FTP C,O,S	手册/印刷品 C,O,S
对话	班级讨论 R	交谈 R	倾听 R
项目	小组 C,P,R,T,X	交谈或群件 C,P,R,T,X	—
独立完成的项目	C,P,R,T,X	C,P,R,T,X	C,P,R,T,X
独立研究	C,L,R	C,L,R	C,L,R
辩论	小组成员扮演不同角色 C,P,R,T,X	交谈 C,P,T,X,R	指导 C,P,R,X
班级讨论	面对面 C,S	交谈(同步) C,S	倾听(异步) C,S
同伴辅导	小组 C,O,S,	群件 C,O,S,	—
合作学习	小组 C,S	交谈 C,S	C,S

注:C:标准参照测验;L:学习合同;O:常模参照测验;P:绩效评估;R:自我评价;S:观察、调查;T:情景性评价;X:过程性评价。

(二)针对学习资源的评价方法

学习资源种类非常多,现代教育技术支持下的教学评价面向的学习资源主要包括教科书、辅导资料、参考书、教学软件、教育录像和网上学习资料等。针对学习资源的评价是严格把好学习资源建设的质量关,高效使用学习资源的重要手段,不仅可以对学习资源的设计进行优化,使之与学习需要的契合度提高,还能按要求对学习资源进行针对性选择,提高学习效率。

1. 面向学习资源的评价方式

面向学习资源的评价可采取以下方式。

(1)专家评价方式

这是一种终结性评价方法,主要用来审核与判断学习资源的可靠性、教育性以及表达的准确性。

(2)自我评价方式

这是一种形成性评价方式,由学习资源的开发者在开发过程中自己评价。

(3)使用中评价方式

对学习者在使用学习资源过程中的行为进行观察,了解其对资源的态度,依据观察的信息进行评价。

(4)过程评价方式

这是一种新型评价方式,是将专家评价的过程、学习资源的开发与使用过程结合起来进行评价。评价结果往往更客观、可靠。但这种评价方法目前还不够完善,有待进一步探索。

2. 学习资源评价的要求

学习资源的评价要求见表8-5。

表 8-5　学习资源评价的一般要求

评价要求	具体标准
科学性要求	概念的科学性
	引用资料的正确性
	问题表述的准确性等
教育性要求	针对性
	合理性
	直观性
	交互性
	应用性
	启发性
	创新性等
技术性要求	恰当运用多媒体
	容易操作
	运行可靠
	具有网络功能
艺术性要求	语言艺术
	声音效果
	画面艺术

上表是资源评价的一般要求，在具体评价中，评价要求往往因评价主体、评价对象的类型和用户的不同而有所不同，因此要区别对待。

3. 常见学习资源评价示例

(1)音视频教学资源评价示例

评价方法见表 8-6。

表 8-6　音视频教学资源评价示例

评价项目	评价标准	权重	评价等级			
			优	良	中	差
			4	3	2	1
编写稿本（25 分）	教学内容符合教学大纲要求，选材典型、生动	1.5				
	教学需要的声音真实重现	1.25				
	创设教学情景	1.5				
	设计新颖，信息量大	2				
素材制作（30 分）	将移动设备、计算机网络充分利用起来对音视频素材进行收集	2.5				
	将计算机、智能手机、话筒等充分利用起来对音视频素材进行制作	3				
	以课程内容为依据对音视频素材进行合理选择	2				
	将智能手机、计算机等设备利用起来进行编辑与合成，使音视频素材向课程教学素材转化	1.25				
录音和画面合成（30 分）	文字醒目，画面清晰，效果声形象	1.5				
	解说准确清楚、便于理解	1.75				
	音乐选材合理，声画同步	1.5				
	创意新颖，特技效果好	1.5				
使用性（15 分）	文档齐全	1.25				
	作品发挥重要作用且生命周期长	1.75				

(2)教学网站评价示例

评价方法见表 8-7。

表 8-7　教学网站评价示例

评价项目	评价标准	权重	评价等级			
			优	良	中	差
			4	3	2	1
教学特色（40分）	教学目标明确，教学要求合理	2				
	教学内容正确，重难点突出，易被用户接受	2.5				
	教学方法灵活、多元	1.5				
	注重启发，培养能力	2				
技术特色（30分）	能快速调用	1.5				
	交互设计合理，使用方便	2				
	界面设计良好	1				
	导航清晰	2				
	网站链接准确	1.5				
	有较强容错能力	1				
网络特色（30分）	设计新颖	2				
	访问者频数	1.5				
	访问者停留时间	2.5				
	用户注册数量	1.5				

（3）网络课件评价示例

评价方法见表 8-8。

表 8-8　网络课件评价示例

评价项目	评价标准	权重	评价等级			
			优	良	中	差
			4	3	2	1
教学性（30分）	教学内容与教学大纲、学生认知水平相符	1.5				
	重难点突出	0.75				
	教学策略有效	1				
	参考资料丰富，提供网站链接	1				

续表

评价项目	评价标准	权重	评价等级			
			优	良	中	差
			4	3	2	1
教学性（30分）	教学案例选择合理	1				
	利于对学生创新能力的培养	1.25				
	有适量的在线练习，能及时准确地反馈	1				
科学性（20分）	教学内容正确，条理清晰	1.5				
	名词术语描述准确	1				
	应用数据与国家标准相符	1				
	模拟仿真设计逼真	1.5				
技术性（20分）	制作技术先进	1.25				
	设计合理，声画同步	1.25				
	交互功能	1.25				
	链接准确	1.25				
艺术性（15分）	界面设计良好	1.25				
	媒体多样	1				
	创意新颖	0.75				
	声音悦耳	0.75				
使用性（15分）	系统安装良好	1				
	操作界面良好	1				
	学习导航良好	1				
	作业发表、完成、提交良好	0.75				

（4）多媒体教学软件评价示例

评价方法见表8-9。

表 8-9　多媒体教学软件评价示例

评价项目	评价标准	权重	评价等级			
			优	良	中	差
			4	3	2	1
教育性（40分）	选题恰当	3				
	重难点突出，易于接受	3.5				
	作业和练习有创意	1.25				
	学生主体，培养能力	2.25				
科学性（20分）	内容正确，层次清晰	2.5				
	模拟仿真形象，举例真实	1.25				
	各方面与有关规定相符	1.25				
技术性（20分）	图像、文字、声音等设计合理	1.25				
	交互设计合理	1.25				
	声音清晰、音量适当	1.25				
	画面清晰、文字醒目	1.25				
艺术性（10分）	画面悦目，声音悦耳	1.5				
	媒体选用新颖，节奏合理	1				
使用性（10分）	文档齐备	1.25				
	界面良好，操作便捷	1.25				

第九章　教师应具备的现代教育技术素养

现代信息技术给教育带来了深刻的变革，使教育迅速向教育信息化时代迈进。教育信息化的进程与教师的现代教育技术素养有直接的关系。教育信息化发展要求加强对教师教育技术素养的培养，使教师具备良好的信息素养与教育技术能力，满足教师的专业化发展需要。本章主要研究教师应具备的现代教育技术素养，主要内容包括教师应具备的信息素养和教育技术能力结构、信息技术与教师专业发展及其个体绩效管理。

第一节　教师应具备的信息素养

一、教师应具备的信息素养的结构

教师应具备的信息素养包括以下五个方面。

（一）信息意识

1. 信息意识的概念

教师信息意识指的是教师在信息活动中产生的认识、观念和需求的总和。[①] 在教师信息素养结构中，信息意识居于基础地位。

① 张豪锋，张水潮等．教育信息化与教师专业发展[M]．北京：科学出版社，2008.

教师首先要有良好的信息意识，才有可能具备一定的信息素养。教师对信息进行捕捉、判断分析及吸收利用的自觉性是教师信息意识的主要体现，也就是说教师的信息意识主要体现在教师对信息尤其是教育信息的敏感度上。教师信息意识也是一种重要的心理品质，具体表现为对信息的感知觉、情感和意志等。

2. 信息意识的内容构成

信息意识的内容主要有以下三点。

(1)对信息时代中信息的重要性有清楚的认识，树立重知识、重创新和终身学习的理念，以适应信息时代的要求。

(2)有强烈的获取信息的需求与动机，并主动将这种需要转化为实际行为。

(3)对信息敏感，洞察信息的能力强，能将有价值的信息迅速有效掌握，对信息的内在意义有深刻的理解，并善于将掌握的信息运用到自己的生活、工作、学习中，以解决日常遇到的问题。

3. 信息意识的树立与重要性

“想不想”是树立信息意识的第一步，也就是说教师在教学过程中能否想到将信息技术融入其中，如果完全没有这个想法，那么就不可能树立信息意识，更没有信息素养。

“敢不敢”也是教师信息意识的一个重要体现，有些教师虽然在教育教学中有利用信息技术的想法，但因为自身因素或学校客观因素所限，所以不能大胆地将信息技术运用到教学中去。

教师从大量的信息流中对有价值的信息进行捕捉，尤其是补充新的先进的信息，这对其开展教学工作是有重要意义的。在信息时代，大量的信息通过图书、报刊、影视、广播等方式涌向我们，教师只有对信息敏感，信息意识强烈，才能自觉对信息进行挖掘、搜集、利用，促进自身知识结构的不断完善。教师信息知识的丰富、信息能力的提高以及信息素质的完善需要具备的一个前提条件就是拥有良好的信息意识。教师要养成关注信息的习惯，在教育信息领域保持持久的关注，在不同时间、地点都要将自己的一部分注意力分配到教育信息上。信息意识强烈的教师，能敏感发掘自己教学的信息、学生学习的信息、学校教育的问题以及社会相关教育问题，并将这些信息与自己关注的问题联系起来，心里时刻记着信息技术，对信息技术的态度一直都是积极的，希望能够通过对信息技术的运用来提高教育教学效果，有效落实素质教育，对同样善于开发与利用信息的创新型人才进行培养。

（二）信息知识

1. 信息知识的概念

信息知识指的是与信息本质、信息运动规律、信息特性、信息系统、信息方法、信息技术等有关的基本知识。教师职业具有特殊性，因此教师要对一些具有特殊性与具体性的信息知识进行理解与掌握。教师应掌握丰富的信息知识，深入理解信息学理论，掌握信息工具知识和教育信息的相关知识。

2. 信息知识的内容构成

教师信息知识素养的结构如下。

（1）基本信息知识

读、写、算的能力是传统信息素养，这也是教师应具备的基本信息知识素养。虽然传统信息素养在信息时代发生了显著的变化，但在教师文化素养中，这些仍是重要的基础素养。作为传统文化素养的拓展与延伸，信息素养是新时期教师必备的素养，如良好的阅读能力、对信息技术基础知识、发展历史及其与学科整合规律等方面的理解与把握。

教师应对计算机、信息网络、多媒体等信息技术的核心有基本的了解，将计算机基础知识、操作系统软件、常用应用软件掌握好，并能在试题编写和成绩处理中对计算机工具熟练应用。对于信息系统的工作原理也要有一定的了解，通过不断熟悉，会产生学习与应用的动机和需要，并有针对性地收集有价值的信息。只有基本信息素养完备，处理信息的能力才会有提升的可能。

(2)外语素养

现在，人与人交流的平台在随着互联网的普及而不断扩大，但互联网上的信息以英语为主，所以教师必须要重视学习外语，从而能够利用互联网进行有效沟通。

(3)课程整合素养

在整合信息技术与学科教学方法中，教师应充分发挥主观能动性，优化组合信息技术和教育媒体，在学科课程教学中有效融入信息技术，教师只有具备这方面的能力和素养，信息技术在教育领域的作用才能真正发挥出来，教育教学质量也才会有所提高。

(4)多媒体素养

信息时代，教学媒体丰富多样，这对教师筛选与利用信息系统软件的能力提出了较高的要求，教师要对各软件的功能、使用方法有基本的了解，并能从学科特点、学生特点及教学目标和内容出发对不同媒体与软件进行有针对性的选用。此外，对于计算机教学的原理与过程，教师也应熟练掌握，并尽可能在多媒体课件制作中对 PPT、Flash 等软件加以应用。

(5)网络素养

远距离教育和学生自主学习是信息时代发展起来的两种人才培养新模式，这主要得益于计算机技术和网络技术的发展及广泛应用。计算机网络遍布全球，世界上的教育机构、科研机构和文化设施在计算机的作用下相互联结，学生的学习空间得到了充分拓展与延伸。网络基本知识和操作能力是教师在网络和信息时代的必备素养。教师应对网络的一般原理、校园网的特点及内部网技术的使用方法有清楚的了解，教师如果要共享资源，可借助网上邻居；要发布个人观点，可在课程多媒体网站的建设中应用 Web 浏览技术。国际互联网操作技术也是教师需要掌握的内容，以便于在数据搜索，文件传输及网络教学中能够充分运用网络技术。在与学生的交流中,可将电子邮件利用起来。需要注意的是,对于网络知识产权和网络道德,教师必须尊重和遵守,这也是教师网络素养的重要表现。

(6)终身学习素养

终身学习是指通过一个不断的支持过程使人类的潜能得到无限的发挥,它激励人们主动获取终身需要的全部知识、技能,并在各种环境、事务中都有信心、有创造性地应用这些知识与技能。①

终身学习素养是信息素养的重要组成部分,教师信息素养的提高离不开终身学习,只有具备终身学习的能力,养成终身学习的习惯,教师才能不断进步与发展,教师的信息素养才能真正提高。

3. 信息知识素养对教师的要求

信息知识素养要求教师了解信息的特点和内涵;了解信息源(书籍、广播、电视、录像等)的种类、功能及使用方法;掌握幻灯机、投影仪、电子计算机等新技术的用途和使用要领;掌握信息检索方法,以快速获取信息。教师的信息知识应随着教育信息化进程的加快而不断更新。

现阶段,掌握计算机入门知识和一般教学软件是对全体教师的统一要求。掌握计算机辅助教育的理论、教学软件设计与评价方法是对专门从事教育技术学科教学或相关学科教学的教师的要求。

(三)信息道德

1. 信息道德的基本阐释

现代教育教学中充斥着大量的信息技术,现代信息技术的发

① 张豪锋,张水潮等.教育信息化与教师专业发展[M].北京:科学出版社,2008.

展与普及为现代教育教学提供了很多方便，使教师与学生能够快速获取、加工和传输教学信息。但同时伴随出现的还有网络安全、网络黑客、个人隐私外泄、版权盗用等不良现象，这也是现代信息技术的另一面。教育以德为先，这些问题使教育界重新认识到了道德教育的重要性。

在信息社会，每个公民都要有信息伦理道德。教师不仅自身要具备这个道德素养，还要培养学生的信息伦理道德，这就对教师进行信息道德教育的能力提出了较高的要求。

教师在信息的获取和利用中遵循的信息道德思想、原则、手段和途径都属于信息道德的范畴。教师以传播人类文明为己任，教师在教育学生的过程中，要传播什么样的思想，教什么知识，引导学生树立什么立场，这都受教师自身信息道德的影响。

2. 教师信息道德素养的内容构成

教师的信息道德素养包括以下内容。

第一，对文化多样性和各民族文化传统的关系有正确的认识。

第二，对全人类利益和民族利益的关系有正确的认识。

第三，对网络道德规范自觉遵守。

第四，对息技术环境下的不良问题能自觉抵制与克服。

第五，道德主体性强，对信息道德标准能深刻理解并自觉接受，能对新的信息道德伦理标准进行制定。

3. 信息道德素养对教师的要求

现代人应对信息、信息技术的意义及其对社会的积极作用有清楚的了解，要树立信息责任感，按照信息伦理道德标准对自己的信息行为进行约束，在理想信息社会的建设中积极主动地参与。教师是培养下一代人才的主力军，他们应在遵守道德规范、不对别人的合法权益构成侵犯、不对社会造成危害的基础上规范自己的信息行为，这样才能培养学生的道德素养。这对教师提出了以下几点要求。

第一，在网络隐私问题上，教师应了解什么是专有信息、有哪些专有信息是在网络信息环境下处于保密状态。

第二，在信息所有权方面，教师应将共享与独享的关系厘清。

第三，在网络安全方面，教师要高度认识信息安全，主动对网络安全进行维护。

第四，在通信自由方面，教师应对计算机网络的限制性与限制范围有清楚的了解。

（四）信息能力

1. 信息能力的概念

信息能力指的是将信息设备、信息资源有效利用起来，以获取和加工信息并创造新信息的能力。[①] 教师的信息能力指的是教师在教学过程中从事相关信息活动应具备的能力。

在信息社会，教师拥有良好的信息能力非常重要，这能够使教师面对海量的信息时辨别真假，按重要性排序，客观看待各种信息的功能与负面影响，从而对有效的信息加以选择，使信息的正面作用得到最大程度的发挥。

教师在教育的深化变革中起到非常关键的作用，教师要为学生服务，教师要对学生的计算机应用能力和归纳概括、分析处理信息的能力进行培养，首先自己必须具备这方面的能力。教师如何选择教学信息，怎样利用这些信息来教学，这都对学生的发展有重要影响，如果教师本身对信息能力掌握不好，那么其不可能对学生的信息素养进行培养。

需要注意的是，教师不仅要有一般的信息能力，还要有在教育教学中运用信息技术的能力，这是由教师职业特有的教育性和示范性所决定的。

---

① 张豪锋，张水潮等．教育信息化与教师专业发展[M]．北京：科学出版社，2008.

2. 教师信息能力的内容构成

教师信息能力包括以下几个方面的内容。

(1)信息系统应用能力

信息系统应用能力具体包括以下两个方面:

第一,操作硬件系统的能力。

第二,使用软件系统的能力。

信息系统的应用能力具体表现为教师对计算机的熟练操作,对网上常用工具、软件的熟练应用。

(2)信息搜索、获取能力

教师的信息搜索获取能力主要表现为其在信息获取方面的效率与质量,教师对信息源了解的程度决定了教师这一信息能力的高低。教师只有广泛而深入地了解了信息源,充分掌握了信息检索的工具和方法,才能对需要的信息进行快速的检索、查询、选择和运用,充分发挥信息的作用。

(3)信息加工能力

教师分析鉴别所获取的信息,筛选出自己需要的信息,再对这些信息进行分析与综合,最后升华为自己的抽象观点。其实加工信息就是利用原有信息而对新的信息进行组合与创造,具体包括以下几个环节。

①信息分类

教师从自身需要出发划分信息的类别。

②信息理解

教师对不同类型的信息进行识别,对各类信息的内在价值和意义有一定的理解。

③信息综合

对信息进行分类,并理解其中的含义后,重新组织对自己有用的信息,以期实现新发展。

④信息评价

教师判断信息的科学性、时效性。

(4)信息应用能力

信息应用能力指的是对信息的优化、表达和再生。

①信息的优化

教师进一步加工处理信息,使它的作用得到最大限度的发挥。

②信息的表达

教师以信息的形式表示和表达自己的思想,以便于传播和被他人理解。

③信息的再生

教师将信息工具、信息资源利用起来创造新的信息产品,以促进信息资源的不断丰富。

另外,从事与信息有关的其他活动时需具备的语言能力、思维能力、观察能力、判断能力、公关能力等一般能力也属于教师基本信息能力的范畴。

(五)信息创新

1. 信息创新的概念

教师的信息创新指的是教师应在自身具备创新意识、创新能力的基础上培养学生的创新能力。

信息创新是落实素质教育对教师提出的要求,教师应具备良好的信息创新能力,在教学中要使学生的认识成为一个活的有机体,提高学生的认知能力,而不是让学生被动接受知识。

2. 信息创新的内容

(1)信息创新意识

教师的信息创新意识包括以下几点。

第一,具有浓厚的创新兴趣。

第二,具有强烈的好奇心。

第三,对问题具有敏感性。

第四,认识问题具有新颖性。

(2)信息创新能力

教师的信息创新能力包括以下几个方面。

第一,持久的观察注意力。

第二,勇于创新的精神。

第三,活跃的创新思维能力。

教师信息创新能力的重点是创造良好的条件来对学生的创新能力进行培养,具体应做到如下几个方面。

第一,转变传统教学观念。

第二,为学生创新营造良好的环境。

第三,将多媒体点播系统利用起来启发学生的创新思维。

(3)创造性思维

教师要重点培养学生的创造性思维,具体内容见表9-1。

表9-1　培养学生创造性思维

五个环节	思维特点
发散思维	同中求异 正向反求 多向辐射
直觉思维	总揽全局 大处着眼 只抓关键 知识结构化 运用计算机工具和建模工具
形象思维	积极表象 大胆想象 启发联想
逻辑思维	抽象概括 分析综合 判断推理
辩证思维	调查研究 实事求是 对立统一

总体上，教师应具备的上述五个素养是密切相联，缺一不可的，前四个信息素养是信息创新素养的基础，因此要循序渐进地对教师的信息素养进行培养，促进教师信息素养的完善。

二、教师应具备的信息素养的培训策略

在教师信息素养培训中，可采取以下策略。

（一）营造良好的培训环境

首先，成立专门部门开展教师信息素养培训工作，对和谐的人文教育与培训环境进行创建。

其次，加强学校信息基础设施建设，完善现代化教育技术装备，加强校园网建设、现代教育技术中心建设和计算机中心建设。

再次，学校举办教师信息能力培育讲座和研讨会，积极引导教师参与讲座和教研科研工作。

最后，对基础教育阶段的教育与考试方法进行改革。

（二）教师完成自身的转变

要培养与提高教师的信息技术素养，关键在于教师自己的努力。应引导教师更新教育观念，对信息技术的重要性有深刻的认识，从而树立新思想，探索新的教育模式和思维方式，改变传统教学中封闭单一的教育模式，促进教育的开放性和多元性。教师还应在素质教育理念的指导下重视终身性教育和个性化教育，教师自身也要养成终身学习的意识与习惯，将学习机会牢牢把握住，不断学习，与时俱进。

（三）培训层次多元化

对教师的信息素养进行培训，要同时从基础层次和应用层次出发。

1. 基础层次

基础培训的方式主要是教育部提出的“师资信息技术培训”。

2. 应用层次

应用层次的培训主要由以下几种方式。

(1)基于任务的培训方式。

(2)整合信息技术与学科课程的培训方式。

(3)跨学科的培训方式。

(四)培训形式多元化

对教师信息素养的培训形式主要有职前培训和在职培训两种。

1. 教师职前培训

教师职前培训针对是的未来教师,即师范院校的学生。

2. 在职培训

教师在职培训针对的是在职教师,培训方式主要有以下几种。

(1)校本培训和校外培训的结合。

(2)短期培训。

(3)教师自发研修等。

(五)建立教师培训成果评价体系

科学评价教师信息素养的培训成果,有利于从整体上指引培训工作,增强培训效果。在评价中,收集教师的反馈信息,以对培训过程进行调控与完善,解决实际问题,强化培训成效。对培训成果进行评价的基本尺度要基于教师教学状况的改进情况。培训机构要对师资培训评价体系进行科学创建并不断完善,具体要做到以下几点。

首先,评价体系应基于信息技术环境而创建。

其次,评价目标要与基础教育课程改革目标保持高度一致。

再次,评价体系要以促进教师与学生的共同发展为宗旨。

最后,评价指标要能对教师的数字化教学能力、学习能力和研究能力进行全面而真实的判断。

第二节　教师应具备的教育技术能力结构

在信息时代,教师处于一个全新的教学环境中,教学手段以多媒体计算机和网络通信为主,教师在这种新的教学环境中会发生角色的变化,为应对这种变化,尽快适应新的角色,教师应自觉调整自己的能力结构,完善自己的职业技能。教师原本的能力结构在信息时代和全新的教学环境中表现出一定程度的局限性,信息技术的发展对教师的教学能力提出了新的更高的要求,如果教师不改变自己的能力结构,就无法满足新的要求,也会严重影响教学效果。在信息化教学中,教师角色被赋予新的含义,教师的职业素养也被提到更高的层次。独特的信息化教学环境要求教师重新审视自己的能力结构,并根据新的要求和标准而不断完善自身能力结构。只有这样,教师才能适应以网络为代表的现代信息技术对教学的要求。

总之,教师应在信息化教学环境中掌握更多的职业技能,锻炼更多的教学能力,以尽快适应角色的转变,将新角色扮演好,充分发挥自己的作用与价值。

具体来说,教师在信息化教学环境下应具备的教育技术能力结构包括以下几个方面。

一、现代教育观

现代教育观提倡将最新教育理论、现代信息技术应用到教学实践中，以促进教学效果的优化与提高；倡导教师关注学生的学习需求和学习规律，满足学生的个性需求；强调素质教育的落实，培养全面发展的创新型人才。现代教育观认为，教育的最终目的是培养学生的四种学习能力，分别是"学会认知""学会做事""学会合作"以及"学会做人"。①

传统教育观一味强调教师的教，而现代教育观对学生的学习能力更重视。现代教育观对教师扮演的角色提出了新的要求，即从"知识的传递者"这个传统意义上的单一角色向教学活动的设计者、学习过程的调控者以及学习环境的开发者等多重角色转化。现代教育观强调培养学生的学习能力，促进学生认知能力的发展、社会性人格的丰富及个性的完善。

现代教育观是现代社会发展到一定程度后对教育的要求，它不同于传统的教育观。在新的教学环境下，教师开展教育教学活动和教学研究，要以现代教育观作为指导思想和基本依据。

二、系统化教学设计能力

20 世纪 60 年代末起源于美国的教学设计理论引入我国的时间是 20 世纪 80 年代。教学设计理论为我国教师教学设计能力及整体素质的提高提供了重要的理论基础和方法指导。在教育技术学科中，教学设计居于核心地位。教学设计是运用系统方法对教学问题进行分析，对解决问题的方案进行设计、实施、评价和修改，以不断提高教学效果的系统的过程。

教师的教学设计能力比传统意义上的备课能力有更丰富的内涵，具体分析如下。

第一，从设计观念来看，教学设计理论强调在现代教育观念的指导下对学生的主动意识和创新精神进行培养，围绕学生的特点与需求来安排教学工作，将"教"和"学"同步重视起来，改变学

---

① 王继新．信息化教育概论[M]．武汉：华中师范大学出版社，2006.

习者学习毫无创新意识的不良现象。

第二，从设计策略来看，教学设计理论强调从系统论和整体视角来全面分析与研究各个教学要素，从整体上把握各要素之间的关系，维护各要素之间协调配合的和谐关系。同时强调要灵活地有创造性地设计解决问题的策略。

第三，从设计方法来看，强调全面分析学生的学习特点、学习规律和学习需求，重新审视师生各自的角色与二者之间的关系，强调从整体出发设计整个教学过程，将现代信息技术融入教学过程设计中，在培养学生创新能力的过程中注重对合作学习、问题解决等教学方法策略的应用。

在信息化教学环境下，教师应具备系统化教学设计能力，在现代教学思想的指导下运用现代化教学方法开展教学工作，实现教学效果的最优化。现代教育技术强调从整体出发设计教学过程，面临全新教学环境的教师应将教学设计的系统原理充分掌握好，并能在网络教学中做好教学设计工作。信息化教学环境下的教学设计主要包括以下内容。

(1)分析学生的学习需求。

(2)确定学生的学习目标。

(3)对学习资源进行开发与选择。

(4)对认知工具和教学策略进行设计与选择。

(5)评价学习者的学习情况等。

三、教育信息能力

教师的教育信息能力包括以下几点。

(一)信息技术与学科教学的整合能力

在现代教育课程改革中，整合信息技术与学科教学是一项非常重要的任务，也是促使信息技术课程目标顺利实现的重要手段。信息技术与学科教学的整合能力是现代教育技术对教师提出的新要求，也是教育教学改革的必然要求，教师要能够熟练应用丰富的信息技术手段，深刻理解学科课程，然后以此为基础将二者整合起来，科学设计教学过程。整合信息技术与学科教学，主要是让学生在获取信息、建构认知及解决现实问题的过程中能够将信息技术作为认知工具和重要手段，而不是在教学中将信息技术简单地当作辅助工具。教师要充分融合信息技术与学科教学，以学科特点、教学目标为依据来加工处理课程学习内容，根据教学需要对有利于学生学习的教学情境加以创设，开发与设计丰富多彩、图文声像并茂的教学资源，以便让学生在特定教学情境中能够独立学习与探索。

（二）信息化教学能力

现代教育中越来越注重对信息技术的应用，随着信息技术教育的不断普及，信息化教学作为一种全新的教育形态迅速发展起来。信息化教学的特点是以现代教育教学理论为指导，以先进的现代信息技术（计算机多媒体技术、网络技术、仿真技术、人工智能、虚拟现实等）为技术支持，全面深入地改革传统教学，培养创新型人才等。个别指导、教学游戏、虚拟实验室、网络化教学、情境模拟、情境化学习、协同实验室等是几种常见的信息化教学形式。信息化教学要求教师对先进的教育理论有深刻的理解，将各种信息技术熟练掌握，然后在此基础上有机整合现代教育理论与信息技术。例如，在信息化教学中采取网络化教学形式时，以认知主义学习理论、建构主义学习理论等为指导，在对网络教育的特征、优势及功能进行深入了解的基础上，使网络资源的作用与价值得到最大限度的发挥，从而更好地服务于信息化教学目标。

（三）教育知识管理能力

教育知识管理能力指的是教师快速获取和科学加工处理网络信息资源，将其转化为规范知识集合（具有网状联系），并以开放的方式管理这些知识，以实现充分利用知识和有效共享知识的目标的能力。教师要提高自身的知识管理能力，就要对知识管理的原则、工具及方法有充分的了解与掌握。

1. 知识管理原则

知识管理原则包括知识积累、知识共享、知识交流等。

(1)知识积累

知识管理的前提是知识积累，要求从数量与质量上储备好知识资源。

(2)知识共享

知识共享指的是学习组织内公开知识，各成员共同享有知识。

(3)知识交流

知识交流指的是组织成员之间要互通有无，加强互动。

2. 知识管理的工具

(1)知识生成工具

知识成生包括知识获取、知识合成和知识创新。

(2)知识编码工具

以标准形式将知识呈现出来，使知识能够被共享。

(3)知识转移工具

传播知识，使其在一定范围内合理流动。

(四)信息教育的能力

教师在信息技术教育中扮演着多种角色，如信息技术教育的接受者、执行信息技术教育的主导者、信息技术教育的普及者、学生接受信息技术教育的指导者与帮助者等。

多重角色要求教师将信息教育的内容融入自己的教学过程中，将信息技术自觉运用到自己的工作、学习及日常生活中，从而充分带动周围的信息文化氛围，以自身的信息魅力，深深地感染学生，将学生学习和应用信息技术的动机与兴趣激发出来，有效培养与提高学生的信息素养。

四、教学研究能力

在传统教育中，只要求高校教师具备一定的教学研究能力，而没有专门要求中小学教师应具备研究能力。随着信息教育时代的到来，传统教育受到威胁，在教育教学深入变革的时期，要按照新的规律与要求来规定教育的方方面面。在现代教育中是否严格遵循新的教育规律，直接影响教育信息化的进程和质量。教育实践也是不断探索与总结新规律、构建新理论及发现新方法的过程。

现代教育是基于信息技术的全新教育，教育技术学为全新的现代教育提供了重要且多元化的理论与方法指导。尽管如此，在教学活动中认为现有理论和方法无法满足教学需要的教师有很多，主要原因有以下两点。

第一，教育技术的理论与教育技术的实践相比相对较为落后，教育技术的研究偏重于方法论层次。

第二，实践的每个环节中都隐藏着发现和创新的机会，在社会变革时期尤其如此。在教育技术应用层面的研究中，教师是不可或缺的主力军，而教师参与积极性不高，导致研究缺乏深度，只停留上在较浅的层次上。

信息时代对教师的角色提出了多元的要求，现代教育的实践者、教育规律的发现者这两个角色是教师必须扮演好的重要角色，教师要履行好这些角色的职责，就要有良好的且偏于应用层次和深层次的研究能力。在教学过程中，教师应该站在研究者的角度去发现、探索与实践，去构建新理论，总结新规律，提高教学的高度与深度，从而满足社会转型期对信息教育的要求。

五、终身学习能力

在知识经济时代，知识的更新速度非常快，人们掌握的知识在短短几年内就会趋于老化，因此在人生的各个阶段都必须重视学习，养成终身学习的好习惯。而且随着终身教育体系的不断完善，社会上将出现越来越多的学习机会，在日常生活、工作中努力学习的人将会越来越多，成人教育与继续教育将迎来广阔的发展前景。

社会进步和教育的深入改革要求教师具备终身学习的能力。教师的终身学习能力指的是在知识经济社会迅猛发展的今天，教师主动更新自己的知识结构和能力结构，不断学习新知识，以适应不断发展变化的社会，保证自己的职业素养能够满足社会发展的要求。教师的终身学习能力具体包括树立终身学习观、自我评估能力、职业发展规划能力、在职学习能力等。

自我发展、自我完善是每位教师的必备能力，教师应主动学习新知识和新技术，自觉更新教育观，转变教学思想，关注学科最新动态和发展前沿，不断培养新能力，促进自我素质的完善与提高，使自己跟得上时代发展变化的步伐。

社会发展要求每个人都要终身学习，教育变革更是强调教师职业必须具备终身学习能力。在信息时代，教师职业可持续发展的一个前提条件就是具备终身学习的意识与能力。因此教师要在个人发展规划中特别重视锻炼这方面的能力，形成终身学习的自觉性。

第三节　信息技术与教师专业发展

随着现代信息技术的迅猛发展与网络基础设施的不断完善，在教学领域采用信息技术已经成为非常普遍的教学现象了，信息技术在教育领域的应用促进了教学资源的丰富多彩与教学手段的多元化。在教师专业化发展中，信息技术是非常重要的推动力，能够使教师的专业化水平提升，也能促进教师信息素养的完善。

要充分发挥信息技术在教师专业化发展中的重要作用,需从以下几个方面着手。

一、整合信息技术与学科教学

随着信息技术在学校教育中的大量应用,互联网与校园网之间建立了密不可分的联系,基于网络的教学形式也逐渐产生与发挥作用,学校教育资源因此而更加丰富,学校教育在信息化时代面临着更广阔的发展前景。《国家基础教育课程改革纲要》明确提出:"大力推进信息技术在教学过程中的普遍应用,促进信息技术与学科课程整合,逐步实现教学内容的呈现方式、学生学习方式、教师的教学方式和师生互动方式的变革,充分发挥信息技术的优势,为学生的学习和发展提供丰富多彩的教育环境和有力的学习工具。"①这表明整合信息技术与学科教学是一场跨越式的具有重要意义的变革,而且这场变革具有系统性、综合性,会深深影响学校传统教学理念与模式。从学校教育来看,以下因素会对教师的信息技术整合能力产生影响。

第一,教师的职前教育与在职培训。

第二,专家引领。

第三,教师校本实践。

第四,教师间的沟通与合作。

第五,教师的自我反思等。

为提高教师的信息技术整合能力,应深入分析以上影响因素,并采取相应的对策,如重视教师的职前教育与在职培训,聘请专家开展讲座,为教师同行之间的交流合作创建平台,鼓励教师在教学实践中自我反思等。

---

① 罗文浪.现代教育技术[M].北京:北京理工大学出版社,2015.

二、在信息技术支持下完善校本教研制度

对新课程、新课标、新教材的设计主要是为了在教学实践中实现新理念、新方法与新要求，但如果教师对课程、课标及教材缺乏正确的理解，且实施不当，那么这个目标就很难顺利实现。从我国教育信息化发展总结的经验来看，学校更新教育观念，对以校为本的教学研究制度进行科学制定，对教师的信息素养进行培养，使教师在信息技术环境下尽快适应与开展教育工作，等等，这些都是教育信息化发展的关键。

三、在信息技术视野中拓展教师培训模式

随着计算机技术和网络技术在教育界的不断普及，教育信息化发展中拥有了越来越完善的硬件条件，但只是硬件建设良好还不能顺利开展教育信息化工作及实现相关目标，还需要加强对信息技术操作者——教师的培训，从硬件建设向教师培训转移，以此对教育教学进行深入改革是世界各国教育信息化发展的一个共同趋势。在信息技术视野中，教师培训的模式主要有以下两种。

（一）以校为本的教师培训模式

这种培训模式主要是学校整合各方面资源，发挥自身的优势，采取多种科学有效的方法对教师进行培训，如职前培训、在职培训、专家讲座、交流活动等。这种培训模式有利于学校从本校客观实际与教学需求出发对能够满足本校教学要求的教师进行培养，从而有针对性地建设师资队伍。

（二）国家培训制度结合学校实际的培训模式

这种培训模式指的是各级政府在国家教育政策的指导下，结

合学校实际组织实施的教师培训模式。教师培训之前一直都是政府行为,只由政府来培训而忽视学校实际的培训模式存在明显的弊端。为了适应信息化教育的要求,各级政府应结合学校实际来培训教师,政府要在培训中提供全面的保障,具体涉及以下几个方面。

第一,对丰富的信息教育资源进行开发,加强对信息技术培训基础设施的建设与完善。

第二,对教师信息技术培训的规章制度与相关机制进行制定,并不断健全完善。

第三,在培训中有机结合国家培训制度与学校实际情况,培训方式灵活、实用。

第四,以高校为依托对优秀的师资培训队伍进行建设。

第五,将学校和教师的积极性充分调动起来,对培训成本分担方案进行设计与实施。

第六,在教师培训中将信息素养作为核心内容重点进行培训。

四、对教师专业发展的多元化平台进行搭建

对有良好反思习惯的教师来说,每节课都有新鲜感,每堂课都是不同于以往的新体验。教师在课上要对不同的教学情境进行设置,要观察学生在特定情境下的各种反应,要与学生交流互动,这些都会引起教师新的思考,使教师在教学中进行新的创造。在日常教学背后有很多内隐的思想和潜在的理念,它们存在于教育叙事、教学案例等教学行为中,甚至存在于教师的生活故事中。[①] 在教育科研中,教师要善于从自身的思考、经验与身边的案例入手进行有针对性的专业理论研究,这样的研究更有情境性,更真实。

信息时代教师的“教育叙事”“案例研究”的产生、传播以及共

① 罗文浪. 现代教育技术[M]. 北京:北京理工大学出版社,2015.

享等与传统工业时代已有了很大的不同。BBS、Blog等社会软件在信息时代迅速崛起，身份标识、知识沉淀、人际交流、小实体大网络交流平台是这些社会软件的共同特征，传统意义上教育叙事的含义在这些软件中发生了变化。在网络时代，社会性软件容易入门，操作便捷，能快速普及。数字化的教育叙事、教学案例突破了传统上时间和空间的界限，不管是复制保存，还是传播共享都很方便。Blog等社会软件为教师突破狭小的个人圈子而进行大范围研究提供了重要的平台，教师可以随时写作、随时将自己的教育叙事发表到网上，并在线向各地的同行、专家求助。教师与同行、学生及专家的交流不受时空限制，更便捷、充分，教师利用这个平台，能够进行更好的创作。此外，基于信息化技术的教育叙事研究能够将教师的研究热情与积极性激发出来，使教师在主动参与中实现专业发展。

第四节　信息技术与教师个体绩效管理

现代人的生活节奏非常快，社会活动也越来越复杂，人们在生活、工作和自我发展中面临很多问题，教师职业同样如此。教师如何适应时代变化，跟上社会节奏，如何顺利完成每项教学任务，提高工作绩效，是现代信息教育中需要探讨的一个重要问题。在教师个人绩效管理中，有两个非常关键的问题，一是目标，二是时间，而且目标与时间密切相关。光有动机、努力还不能保证成功，方法才是成功的关键。只有通过努力完成一个个小目标，才能一步步走向成功。

下面主要从个体目标管理和时间管理两方面来探讨信息技术支持下教师绩效管理。

一、信息技术与教师个体目标管理

卡耐基曾调查了1万人的人生目标，他们来自不同种族，分布在不同年龄段,有男性也有女性。调查发现,人生目标明确,而且知道如何落实目标的人只有3%;而根本没有人生目标、没有明确人生目标以及目标明确但不知道如何落实的人高达97%……过了十年,他再次调查了这1万人,调查结果显示,那些属于97%中的调查对象,除了年龄增长外,其他方面都很普通,甚至是平庸,不管是生活,还是工作成就,与十年前相比几乎没有什么进步。而原来属于3%中的那些人都在各自领域有了明显的起色,实现了不同程度的成功,之前设定的目标基本都已实现,并向着更远大的目标努力。这个结论令人震惊,我们总以为成功和天赋、机遇有必然的关系,却忽视了人生目标与成功的关系。事实上,人生目标对成功的重要性不亚于天赋、机遇。

卡耐基的结论对教师专业化发展有重要的启示,在教师专业化发展中,要重视个人目标管理,明确个人的专业发展目标,然后依据目标制定相应发展措施,向着目标不断努力。

(一)目标导向理论

罗伯特·豪斯的目标导向理论对个人目标管理具有重要的指导意义。目标导向理论提出的基本出发点是要求领导者排除影响目标实现的一切不利因素,为迅速达到目标扫除障碍,在这个过程中给职工提供更多的表现机会,使其个人发展需要得到满足。

人的行为被行为科学家分为以下三种类型。

第一类:目标导向行为。这是为实现目标而做的准备。

第二类:目标行为。指的是实施后可以直接达到目标的行为。

第三类:间接行为。指的是行使后能够满足将来需要的行为。

目标导向理论指出,目标行为是实现任何目标都必须具备的一种行为。而目标导向行为是进入目标行为的前提。从个人动机强度来看,这两种行为对其产生了相反的影响。行使目标导向行为的过程中，随着不断接近目标，动机强度渐渐提升，直到实现目标或遇到重大挫折后，这个行为会停止。目标行为则不同。行使目标行为的过程中，随着行为的推进，动机强度反而会减弱。为了始终保持较高的动机强度，必须交替行使目标导向行为和目标行为。当达成一个目标后，提出新目标，而且新目标要比之前的目标有难度，为实现这个新目标，又重新开始目标导向行为和目标行为，这样一直维持较高的动机强度，保持积极进取的状态。

行使目标导向行为的过程是不断靠近目标的过程，这种行为能够使人的动机水平得到提高。但如果目标没有难度，或导向过程缓慢，那么这种行为所发挥的激励功能就会减弱。因此，提出有挑战性的目标、提供实现目标的条件非常重要。

教师要实现专业发展，需要全面分析自身行为与目标的关系，对自身的各种行为进行分类，依据不同类型行为选择行使行为的途径与方法，以逐步实现个人目标。

（二）个人目标的制定

在个人绩效管理中，制定个人目标要遵循一项非常重要的原则，即 SMART 原则，S 即 specific，意思是目标的明确性；M 即 measurable，意思是目标的可衡量性；A 即 attainable，意思是目标的可实现性；R 即 relevant，意思是目标的相关性；T 即 time-based，意思是目标的时限性，这个原则也被称为“黄金准则”。[①]

1. 目标的明确性

用具体的语言将要达成的行为标准说清楚，这就是目标的明确性。目标明确是明确制订计划的基础，制定明确的目标，可采用 5W2H 分析法。5W2H 分析法的内容见表 9-2。该方法容易理解和掌握，方便操作，在企业管理、决策活动和执行性活动的实施以及欠考虑问题的弥补中发挥着重要的作用。

---

① 周跃良等．信息化环境中的教师专业发展[M]．北京：科学出版社，2008.

表 9-2　5W2H 分析法①

5W	Why	为什么？与长远目标与价值观是否一致？
	What	是什么目的？
	Where	从哪入手？
	When	何时完成？
	Who	由谁承担、负责、完成？
2H	How	怎么实施？
	How much	用多少资源？做到什么程度？

2. 目标的可衡量性

制定的个人目标应有可衡量性，即用相关指标、方法来评估目标，如果衡量起来困难，说明很难实现目标。尽可能采用量化的评估方式衡量目标。例如，要提高外语能力的教师给自己定的目标是“今年英语水平要上升一个台阶”，这种模糊表述的目标不可衡量，也无法评价目标实现的程度，因此要用可衡量的目标来替代，如“今年要通过大学英语六级水平”，该目标是否达成，可通过测试成绩进行明确的检验。

3. 目标的可实现性

个人目标不能过高，也不能过低，要有挑战性，也要有可实现性。个人在制定目标时，要结合自身的能力条件、可利用资源来把握目标的难度，避免过高或过低。目标过低，个人很容易实现，但也不会有太大的收获与进步。目标过高，个人经过努力无法实现，这会挫伤个人的积极性，削弱自信心。

4. 目标的相关性

目标相关性指的是制定目标时要考虑该目标与其他目标之

① 周跃良等．信息化环境中的教师专业发展[M]．北京：科学出版社，2008．

间存在什么样的关系。根据目标实现时间的长短，可以将目标分为短期目标、中期目标和长期目标，个人要将它们之间的关系弄清楚，保证目标的延续性，保证自己每一步的努力都是有意义的。目标的相关性还包括四大目标系统的关联与协调，包括个人发展、兴趣爱好、经济事业、和谐关系，要确保这几个目标系统之间没有矛盾，否则实现其中一个目标，就会对其他目标的实现造成不利影响。最后，对个人目标与集体目标关系的处理也是目标相关性的要求，要保证二者一致，这对于实现个人目标是有帮助的。

5. 目标的时限性

目标的时限性指的是每个目标都有截止期限，而且截止期限必须是明确的，否则目标很难实现。在个人目标制定中，要根据需要，以不同期限为依据对年目标、季目标、月目标、周目标、日目标等各种阶段性目标进行设定，保证目标的连续性和时限性。

(三)个人目标的实施

确定个人目标后，要先分解目标，再行使目标行为。对目标进行分解主要是将总目标分成若干详细的阶段目标或小目标，提高目标的可操作性。这个环节在目标决策与目标实施之间起着重要的作用，不能忽视。

个人在朝着目标方向行使目标行为的过程中，要定期进行自我检测，检测方式有个人反思、记录心得体会等，把自己的想法、做的事和做的方法记下来，不断总结经验和反思问题，以更好地开展后面的工作。

完成一个阶段目标后，要朝着下一阶段更有挑战性的目标努力，完成更多更高的目标，就会拥有更加开阔的眼界和心胸，会有更积极的思想和继续挑战自我的动力。每个目标的完成和这个过程中付出的所有努力最终都会指向人生目标。

当前，在教师个人目标管理中，信息技术也得到了一定程度的应用，并有专门的网络支持系统应用于目标管理中，这对教师个人目标管理效果的优化具有重要意义。

二、信息技术与教师个体时间管理

时间管理指的是根据个人目标对自己的学习、工作与生活进行有计划的安排，对可支配时间进行充分及合理利用的方法与技巧。在目标相关工作中合理分配时间，以达到最高效率、最优效能与最佳效果，这是时间管理的主要目的。史蒂芬·柯维将时间管理理论划分为以下几种类型。

（一）罗盘型时间管理理论

人们在日常工作中追求更快、更好和最大化效率，罗盘型时间管理理论（正北理论）超越了这个传统观念，认为自然法则是我们从事所有事情都必须遵守的核心原则。自然法则依托罗盘来运作，而非时钟，我们当然应该走得快一些，但更重要的是走的方向正确，是朝着目标的方向走。我们所做的所有工作与付出的所有努力都应该是慢慢接近未来目标的过程。可见，正确的方向是罗盘型时间管理理论强调的重点。

（二）日程表型时间管理理论

日程表型时间管理理论强调对未来的规划与提前准备，具有代表性的管理工具是日程表，将要做的事记录下来，明确每件事的完成期限。

这种管理模式的优势在于能够提高目标的达成率，缺陷在于容易使个人过分依赖规划，对轻重缓急的事情没有明确的概念，遇事不能灵活调整。

（三）备忘录型时间管理理论

备忘录型时间管理的典型方法是写纸条，便于随身携带和翻阅。备忘录上的事每完成一项，都要立即划掉，否则就会积累，造成压力。

这一管理模式的优势在于顺其自然，能够灵活应变，压力小，方便对待办事项的追踪。它的弊端在于组织架构不严密，组织规划随意，缺乏整体性，重要事件漏掉的可能性较大。

(四)价值导向型时间管理理论

价值导向型时间管理理论强调价值观，倡导依据价值对不同阶段的目标进行制定。“规划、制定优先顺序，操之在我”是这一管理理论的主旨，详细制定组织表或规划表是该管理模式的典型方法。对组织表或规划表进行制定时，可以采用传统的纸质形式，也可以采用计算机网络形式，在规划表中合理分配有限的时间和精力，争取效率最大化。

价值导向型时间管理理论的优势在于可以使各阶段目标的效果充分发挥出来，能按照事情的重要性来合理安排每天事务的先后顺序，促进工作绩效的提高。它的弊端是在主观价值导向下进行时间规划，容易将自然法则忽视，而且缺乏一定的远见。

从有了时间管理这个概念以来，人类开发了很多支持性工具应用于时间管理，如网上各种类型的日历工具，这是人们非常熟悉的，也是应用很普遍的。研发时间管理支持工具也是现代信息技术非常重视的一个领域，从早期的电子记事本到掌上电脑(个人数字助理)，再到今天的智能手机等，这些都是信息技术领域研发的成果，这些工具的时间管理功能在不断丰富与完善。现在，网络化的时间管理工具正随着信息技术的不断发展而在人们的日常生活中开始普及。这说明，对于信息技术在促进时间管理效率提高方面的作用，人们是非常认可并十分重视的。

教师在学校的时间安排主要是参考作息时间表和课表，尽管有这些统一的时间规定，但教师在课余时间还是要做好个人时间管理。很多教师都认为没有时间是影响自己专业发展的重要因素，其实并不是没有时间，而是教师不懂得管理个人时间，所以造成了时间的浪费。所以说，时间管理是教师专业发展的一个重要条件。

三、个人绩效管理案例

在个人绩效管理中，目标管理与时间管理密不可分。个人绩效管理在信息技术的支持下获得了重要的支撑力量，随着信息技术的不断发展与管理理论的日渐完善，将会出现越来越多的目标—时间管理工具。目标—时间管理工具有多种分类方法，见表9-3。

表9-3　目标—时间管理工具的分类

分类依据	具体类型
支撑技术的特征	桌面型
	C/S型
	B/S型
功能与侧重点	目标导向工具
	目标制定工具
	目标实施工具
	时间—任务管理工具
	完整的目标—时间管理工具
时间管理理论的历史发展过程	罗盘型
	日程表型
	备忘录型
	价值导向型

目标—时间管理工具的分类是相对的，有时候一种工具同时属于多个分类范畴，可以从多个方面解释它们的属性、特征和功能。通常情况下，新一代的目标—时间管理工具比旧的工具功能更全，旧工具的功能在新工具中都有。目标—时间管理的理念与方式随着信息技术的发展而不断拓展与更新。下面简要分析两种模式的应用案例。

(一)个人规划工具:Life Balance

Life Balance 是在第四代时间管理理论指导下开发的个人时间—目标管理工具,它具有较为完整的功能。在 Windows 系统、Palm 系统及 Mac 系统中都有可用的版本,是典型的桌面型软件。Life Balance 作为个人规划工具,其目的是促进用户办事效率的提高,使用户设定的家庭目标、工作目标、健康目标及休闲目标等维持平衡,也就是维持人生目标的平衡。具体来说,这个工具能够帮助个人完成工作规划,对目标完成状况适时进行提醒,并将必须完成的事件和努力程度记录下来,适时反馈每天的工作情况。该工具发挥这些作用的主要依据是用户个人目标的重要程度、个人时间和精力的多少及安排意愿以及以往的反馈。

下面简单列几点 Life Balance 的主要功能。

(1)用普通的日程表安排日常任务,安排时间比较灵活。

(2)用大纲的方式对各项任务进行组织安排。

(3)按任务清单的位置、重要程度和完成期限自动分类,并过滤筛选。

(4)利用独特的设置功能对任务清单的顺序重新安排,加速整个计划的完成过程。

(5)对用户的任务清单进行调整,使用户有序开展各项事务,这是其平衡功能的体现。

(6)将用户的时间和精力以饼图的形式直观呈现出来。

(7)随着任务期限的来临,时间提示不断增加,以提醒用户加快脚步来完成任务。

(二)目标导向模型:“43Things”与“21 天成功训练营”

我们每完成一项任务时,第一步是先确定目标,这一步很关键,43Things 就只服务于“确定目标”这一步。它为用户提供在线目标设置社区,口号是“列出您的目标,分享您的进步,激励彼此的斗志”“43Things 最有趣的地方并不在于记下要做的,而在于它能根据您所写的，为您聚合出一类人来”。[①] 例如，人们在完成一个目标时，相互鼓励、帮助，甚至合作完成，这会让人们发现自己并不孤独，有很多人陪伴自己努力。

“21天成功训练营”是依托互联网建立的中文网站（商业化运营），类似于“43Things”，对用户进行成功训练，采取的途径主要是目标导向。系统为每位用户分配一名导师，用户的训练过程由导师管理、监督，用户要每天进入这个网站，导师在线对其进行“调查”，对其发展状况进行了解，然后对当天的训练内容进行合理的安排。对于当天安排的任务，用户必须当天完成，在训练营系统中输入完成结果，导师在后台监督管理，评估其训练时间、任务完成情况。如果用户没有完成当天的任务，就不能学习接下来的内容，直到完成该任务。通常每天训练1个小时，导师全程监督，随时反馈问题。需要提醒一点，这个网站能够让每个用户通过TAG技术和功能找到与自己志同道合的其他用户，大家相互帮助、鼓励，分享经验，享受努力的过程和成功的喜悦。

“43Things”与“21天成功训练营”受到了很多用户的认可，主要是因为这些工具更接近人们的实际生活，针对当前人们面临的现实困扰而提出了鼓舞人心的口号。在全球网站中，这两个网站的访问量都很高。中国青年报、新浪媒体也对这些网站做过相关报道，师生、家长对此一致给予好评。

不可否认，以上两种管理工具都有缺陷，主要表现为过分强调目标的重要性，而在支持目标制定和目标实现过程中所做的记录停留在表面形式，比较死板，就像流水账一样，从而导致出现很多空洞的、可操作性不强的目标，口号脱离现实，必然导致目标实现率的下降。所以在目标管理中，它们只是发挥导向功能的辅助工具，不可过分依赖。

① 周跃良等．信息化环境中的教师专业发展[M]．北京：科学出版社，2008.

参考文献

[1]姜忠元.现代教育技术[M].北京:清华大学出版社,2018.

[2]罗文浪.现代教育技术[M].北京:北京理工大学出版社,2015.

[3]何荣杰.现代教育技术[M].北京:北京邮电大学出版社,2014.

[4]李颖,董彦.现代教育技术应用[M].合肥:中国科学技术大学出版社,2013.

[5]李兆君.现代教育技术[M].北京:高等教育出版社,2010.

[6]孙方,周本东,朱永海.现代教育技术[M].北京:科学出版社,2012.

[7]周树海.现代教育技术[M].北京:北京师范大学出版社,2011.

[8]李馨.信息化教学设计的理论与模式研究[M].长春:东北师范大学出版社,2015.

[9]张有录.信息化教学概论[M].北京:中国铁道出版社,2012.

[10]张有录.信息化教学技术与技能训练[M].北京:中国铁道出版社,2012.

[11]李文高.教学设计的新领域——信息化教学设计[M].昆明:云南大学出版社,2013.

[12]高铁刚,吴祥恩,马小强.信息化教学资源制作基础[M].北京:清华大学出版社,2011.

[13]陈斌.现代教育技术[M].北京:北京师范大学出版社,2017.

[14]张春苏,王冬梅.现代教育技术基础[M].北京:科学出版社,2016.

[15]何克抗,李文光.教育技术学(第二版)[M].北京:北京师范大学出版社,2009.

[16]斉春妮.精品课程网站的优化设计策略研究[J].中国信息技术教育,2016(23):110—112.

[17]斉春妮,赵慧勤.基于蓝墨云班课的《计算机网络与应用》实验课教学改革探究[J].中国信息技术教育,2018(17):94—96.

[18]斉春妮.基于混合 P2P 技术的远程教学系统的设计[J].网络安全技术与应用,2013(07):5—6.

[19]斉春妮.基于模糊本体的个性化 E-learning 应用研究[J].中国教育信息化,2017(3):74—77.

[20]廖守琴.现代教育技术基础[M].北京:科学出版社,2016.

[21]王勇.翻转课堂的理论与实践——基于应用型本科人才培养的探索[M].杭州:浙江大学出版社,2016.

[22]王祖源,张睿,徐小凤.混合式教学:信息技术与教学活动深度融合[J].物理与工程,2016,26(6):43—47.

[23]景亚琴.信息化教学[M].北京:国防工业出版社,2013.

[24]和汇.信息化教育技术[M].北京:科学出版社,2008.

[25]张豪锋,张水潮等.教育信息化与教师专业发展[M].北京:科学出版社,2008.

[26]王继新.信息化教育概论[M].武汉:华中师范大学出版社,2006.

[27]周跃良等.信息化环境中的教师专业发展[M].北京:科学出版社,2008.

[28]牟来彦,汪和生.信息技术课程与教学论[M].广州:广东高等教育出版社,2013.

[29]李艺.信息技术课程与教学[M].北京:中央广播电视大学出版社,2011.

[30]黄明,梁旭,谷晓琳.大型开放式网络课程 MOOC 概论[M].

北京:电子工业出版社,2015.

[31]李曼丽.解码MOOC大规模在线开放课程的教育学考察[M].北京:清华大学出版社,2013.

[32]应卫勇,刘百祥.现代远程教育学习概论(第二版)[M].上海:华东理工大学出版社,2016.

[33]王继新,李书明.远程教育原理与技术(第二版)[M].武汉:湖北科学技术出版社,2013.

[34]方其桂.微课、慕课设计、制作与应用实例教程[M].北京:清华大学出版社,2018.

[35]倪彤.微课、慕课设计、制作与应用[M].北京:清华大学出版社,2016.

[36]李永.轻松掌握翻转课堂[M].北京:清华大学出版社,2018.

[37]方其桂.翻转课堂与微课制作技术[M].北京:清华大学出版社,2017.

[38]李会功.微课、翻转课堂设计制作与应用[M].北京:清华大学出版社,2017.

[39]李良树.信息技术与信息化教学[M].武汉:武汉大学出版社,2003.

[40]王一鸽.信息化教学资源应用能力培训[M].长春:吉林人民出版社,2007.

[41]游泽清,梁祥丰;中央电教馆电教技术开发专家组,中国电子学会现代教育技术分会,北京华育时空信息技术研究院编.信息化教学环境的建设与应用[M].北京:人民教育出版社,2005.

[42]钟志贤.信息化教学模式——理论建构与实践例说[M].北京:教育科学出版社,2005.

[43]吝春妮,赵慧勤,冯丽露.基于三维可视化技术的云冈石窟文化传播策略研究与实现[J].中国信息技术教育,2017(5):70—72.